Внемля космическому слогу
Вселенской жизненной поры,
Все то, с чем мы восходим к Богу, —
Души священные дары.

ВСЕЛЕННАЯ ДУШИ

Александр Вольный

Собрание сочинений в трех томах

АНТОЛОГИЯ ЖИЗНИ

Том 2

Художественное издание

Александр Вольный

ВСЕЛЕННАЯ ДУШИ

Том 2
Антология жизни

Редактор и корректор Оксана Козаченко

Дизайнер Игорь Женченко

© Александр Вольный 2025

© Svarog Books 2025

www.svarog.nl

ISBN: 978-1-80484-208-9

Эта книга защищена авторским правом. Никакая часть этой публикации не может быть воспроизведена, сохранена в поисковой системе или передана в любой форме или любыми средствами без предварительного письменного разрешения издателя, а также не может распространяться в любой форме переплета или обложки, кроме той, в которой она опубликована, без наложения аналогичного условия, включая данное условие, на последующего покупателя.

Портрет Александра Вольного
с мамой — Матвеевой Тамарой Павловной

*Вселенская душевная благодарность
моей маме — Тамаре Павловне Матвеевой за лучезарный
свет ее идей, разделение всех моих мировоззренческих
взглядов, титанический труд в создании письменного и
печатного варианта книги, многолетнюю кропотливую
помощь и поддержку, священную любовь, неустанную заботу
и веру в мое творчество.*

*Светлая память моему дорогому Ангелу-Хранителю,
бабушке — Вере Дмитриевне Матвеевой за ее душевную
доброту, ласку, нежность и неустанную заботу.*

*Выражаю безмерную душевную благодарность
моим дорогим друзьям: Ларисе Кадочниковой,
Сергею Нечипоренко, Владимиру Кисляку,
Оксане Козаченко, Николаю и Виктории Егоровым,
Александру Никулину, Василию Кушерцу,
Сергею Загороднему, Игорю Шпаку, Валерии Питениной,
Валентину Багнюку, Владимиру Коляде,
Александру Гамалею, Владимиру Арутину,
Владимиру Милькову, Игорю Горяному,
Олегу Волкову, Степану Болотенюку, Валентине Плавун,
Рустему Жангоже, Галине Лавриненко, Владимиру Жовниру,
Александру Бокшо, Сергею Авраменко,
Владимиру Карбачу, Светлане Спорыш,
Валерии и Николаю Романченко, Виктору и Елене Юрченко
за благородство, проявленное в настоящей искренней
дружбе, многолетнюю поддержку, веру в мое дело,
истинное понимание и неустанное содействие
в продвижении моего творчества в жизнь.*

АПОКРИФ ДУХА

*Высоконравственностью мысли
Вникая в таинства основ,
Познай стези Вселенских истин
Всевышним созданных миров.*

Стань Солнцем Истины, озаряющим пути людям.
Будь Книгой Мудрости,
               открытой на странице Истины,
Ибо Добродетель — это Созидание души твоей,
Вера — это Свет души твоей,
Любовь — это Жизнь души твоей.
Не дай поросли глупости проникнуть в святилище
               твоего сознания,
ибо разум твой и дух твой, идущие стезей созидания,
светочем Веры и Добродетели
произрастают Вселенской мудростью,
               наполняющей душу твою.
Постигай этот мир, ибо путь постижения тернист,
               но благословен.
Будь плодом мудрости на ветке Древа Познания.
Размышляя о Вечном, твори Грядущее.
Стань виноградной лозой посвящения,
               питающейся от Духа
               и дающей плоды людям.
Развей лунный свет сомнений
               в душе своей.
Будь крепким Ковчегом Истины
               для праведных людей,
               плывущим по Океану Жизни.
Стань верным проводником в миры истин,
настраиваясь душой на гармонию Вселенной.
Укроти страсть плоти, явив светоч веры
в святилище своей души.

*Хитрость пытается выразить картину мира,
окружив себя кривозеркальным лабиринтом
ложных иллюзий.
Истинная мудрость горит внутри тебя,
подобно цветку лотоса, впитавшему в себя
энергию Разума и Духа.
Ощути себя Альфой и Омегой всего,
замкнув в душе цепь Вечности.
Обрети свой путь, ибо когда твой дух
стезей постижения жизненных законов,
светом Любви и Добродетели
взойдет в грани Вечного
для осознания Вселенской Истины
гармоническим созиданием миров, —
только тогда ты сможешь ощутить себя
                в полноправном единстве с Творцом.
Вырвись из оков заблуждения.
Ложные учения вводят тебя в грех.
Очисть свою душу от скверны,
и когда в ней взойдет Заря Разума,
осветившая лучами мудрости твое сознание,
когда пробудится в ней Дух Созидания, —
только тогда на небосклоне твоих надежд
засияет Звезда Благополучия.
Все познается во Времени!
И тогда благодать Вечности Господним Благословением
напоит ниву твоих чаяний,
ибо должны быть чистыми помыслы твои,
        крепка вера твоя,
              благодетелен дух твой
                    и светел разум твой,
чтобы, покинув мирскую суету,
        созидать Вселенную священным Словом Творца.*

ПОЭЗИЯ МИРА

Великий французский поэт Жоашен дю Белле сказал:

«Лишь бескорыстному служенью Муза рада.
И стыдно требовать поэзии наград,
Когда поэзия сама себе награда».

Этой вселенской наградой я сегодня хочу поделиться со всеми прогрессивными людьми, выражая творческую суть поэта на Земле.

Слово — лицо говорящего, поэтому прав был мудрый Сократ, изрекший свою бессмертную фразу: «Заговори, чтобы я тебя увидел».

В начале было Слово, и Слово было у Бога,
и Слово было Бог. Оно было в начале у Бога.
Все через Него начало быть
и без него ничего не начало быть,
что начало быть.
В Нем была жизнь и жизнь была
свет человеков...

Святое благовествование от Иоанна

Вселенная, явленная Творцом в Слове!

Сколько священной красоты воплощения открывает она живущему в ней существу, сколько неповторимых контрастов хранит в себе! Поистине,

Нет воплощениям конца
У Созидания святого,
Где Дух Вселенского Творца
Является бессмертьем Слова.

«Две вещи на свете наполняют мою душу священным трепетом — звездное небо над головой и нравственный закон внутри нас», — эти великие слова Эммануила Канта являются формирующей основой мировоззрения любой высокодуховной личности, идущей путем созидания.

Наша цивилизация представляет собой открытую Божественную Книгу Человечества, являющуюся совершенным олицетворением мирового духа и интеллекта, — книгу нашего опыта, достижений и глобальных созидательных перспектив, где все мы — главы Вселенской поэмы под названием «Жизнь».

Когда собираются воедино лучшие представители всех наций и народностей мира, великие умы, олицетворяющие многогранность культурного прогресса, я всегда, по праву, с благоговением верю в светлое Грядущее. Каждая нация сквозь призму своего развития отражает лики Вселенской мудрости.

Среди космической системы
Являя мирозданный смысл,
Мы — главы истинной поэмы
С лирическим названьем «Жизнь».

Мудрый Платон был прав: «*Не быть в людях добру до тех пор, пока философы не станут царями или цари — философами*».

Поистине, рождение человека на Земле — это великое событие, но есть еще более глобальное событие, основанное на неустанном интеллектуальном поиске и созидании, — это становление его как духовной личности с расширением горизонтов познания Вселенной и осознанием своей миссии в Мироздании.

Стезей гармоний вдохновенных
Всесильных жизненных основ
В твоем сознаньи —
        миллион вселенных,
В твоем дыханьи —
        миллиард миров.

Приходя в этот мир, каждый человек являет свою неповторимую гамму жизни. Его душа чиста и божественна. Все вокруг кажется ему светлой и загадочной сказкой, одухотворенной волшебством иллюзий. Со временем он обретает смысл познания, мир его чувств наполняется опытом и мудростью, осознанием своей миссии на Земле, сопричастностью к Первоистоку.

«Существует достаточно света для тех, кто хочет видеть, и достаточно мрака для тех, кто не хочет», — сказал Блез Паскаль.

Древние индусы говорили: *«Для глубинного познания жизни необходимо постичь всю пустоту полноты и полноту пустоты, или же: желая постичь невидимое — открой пошире глаза на видимое»*.

Новейшие научные технологии значительно продвинули вперед прогресс нашего мира, но в первую очередь это должно касаться культурного потенциала человечества как основного фундамента развития нашей цивилизации.

«Только взаимодействие искусства и науки в силах создать истинную культуру данной эпохи. Поэзия должна дополнять науку, и обратно. Силой творческой интуиции поэт должен улавливать между элементами мира и жизни — связи, еще не установленные точным знанием, и предугадывать новые пути, по которым наука может идти к новым завоеваниям. И если искусство должно отправляться от данных науки, то, в свою очередь, наука должна искать животворного дыхания в искусстве», — писал Рене Гиль.

Поэты открывают человечеству тайны Мироздания, постигая изначальные сферы Творения, выражая нравственные идеалы предназначения человека во Вселенной.

Существует видимая картина мира и идеалистическая — та, которая прошла через душу и разум поэта и воссоздана в неповторимых аллегорических образах человеческой мысли.

Снимки «Хаббла» открыли нашей цивилизации непостижимые глубины Вселенной.

На смену «Хабблу» человечество вывело в космос самый современный телескоп — *James Webb Space Telescope*, воплотивший в себе все последние достижения науки. Это еще более расширило видимый спектр Вселенной, но душа поэта способна проникнуть в духовные глубины Творения, недосягаемые для техногенных достижений. Поистине, симбиоз видимого и интуитивного являет нам уникальную картину жизни во всех ее проявлениях, когда хочется заглянуть еще дальше, охватывая духом всю Вселенную, путешествуя по мирам и измерениям. Но, к своему удивлению, после всех поисков и обретений мы убеждаемся, что вся информация Мироздания заложена в нашей душе. И это великое счастье — осознавать себя не частицей, а единым целым с необъятным Творением, не уставая создавать новые миры.

Джордж Бернард Шоу сказал: «*Если у вас есть яблоко, и у меня есть яблоко, и мы обмениваемся яблоками, то у вас и у меня все равно будет по одному яблоку. Но если у вас есть идея, и у меня есть идея, и мы обмениваемся этими идеями, то у каждого из нас будет по две идеи*».

Наша жизнь — это попытка воплощения вселенских идей на Земле, когда мысли Творца находят в людях свое достойное продолжение.

*Духовностью проникновенной
На мирозданном рубеже
Вся информация Вселенной
Заложена в твоей душе.*

В каждом человеке заложен смысл гармонического созидания Вселенной, и только в его реализации человечество становится высокоразвитой цивилизацией, духовно воплощающей замысел Творца.

Человечество, по вселенским меркам, живет всего несколько мгновений, но эти мгновения наполнили нашу планету разнообразной жизнью, создавая неповторимую гамму судьбы.

*Многообразьем созиданья
Вселенная являет нас
Универсальностью сознанья
Культурно-планетарных рас.*

Я никогда не разделю мнение большинства ученых относительно того, что наша жизнь является стихийным явлением, а природа, и в том числе человек — это случайный набор атомов, возникший в процессе эволюции материального мира.

*Организацией белка
От созидания святого
Энергосхема ДНК
Является системой Бога.*

Платон сказал: «*Было бы весьма глупо утверждать, что мы одни во Вселенной. Это подобно тому, если бы на прекрасно возделанном* поле мы посеяли отборные зерна пшеницы и взошел бы всего лишь один колосок».

Своей концепцией миротворения поэзия всегда идет вопреки теории Большого взрыва, основанной на хаотическом возникновении Вселенной. Поистине, логическая упорядоченность движет нашим миром, а Божественная Гармония всегда структурирует хаос, создавая неповторимые космические сферы единства духа, разума и материи.

Энергетикой животворящих основ
Генерации Духа Святого
Эволюция универсальных миров
Выражает Величие Бога.

Выстраивая свои произведения магическим ритмом слова, поэты пытаются выразить духовные глубины Творения, полноправно становясь сотворцами.

Слово — это универсальный код вселенского творения, в поэтической форме приобретающее уникальный смысловой контекст, языком Божественной гармонии открывая духовные грани неведомого. Его изрекали древние философы, наполняя мир мудростью, оно ознаменовало эпохи Возрождения и Просвещения, устами великих поэтов и мыслителей озаряя сознание людей. Оно было выше всеобщего страха смирения, воспаряя над кострами инквизиций, расстрелами и репрессиями. Тираны боялись его и, как очаг Жизни, оно хранилось в душах у людей. Даже из страшных тюрем и лагерей своим свободомыслием оно прорастало к миру, становясь духовным гимном разума и бессмертия.

В Упанишадах сказано: *«Когда срывают травинку, вздрагивает вся Вселенная».* Насколько гармонично все организовано, преображаясь по своему алгоритму.

Созидая высоконравственный быт
В динамической круговерти,
Бог вершит алгоритмом Вселенской Судьбы
В трансформациях жизни и смерти.

Истинное служение высоким идеалам искусства проявляется тогда, когда, после многолетней кропотливой работы во благо человечества, в пик своего триумфа, творческая личность задумывает еще более великие свершения во имя процветания цивилизации.

«Человек неспособен постичь соединение духа с телом, а между тем — это и есть сам человек», — сказал блаженный Августин.

Мы все помним библейский сюжет искушения Христа в пустыне, где в ответе на первое предложение сатаны была высказана суть Вселенского Слова.

Сатаной уверяла лихая судьба,
Пролагая греховные тропы:
«Эти камни, Христос, обрати во хлеба,
Чтоб насытить голодные толпы!

Дармового всем корма немерено дай,
Ублажив человечьи желанья,
И пойдут за Тобою хоть в ад или в Рай,
Иль за самый предел Мирозданья».

Но Христос отвечал: «Суть ли мира в хлебах,
Коль явилась стезя вдохновенья?
Плоть без духа — нелепый безжизненный прах
Многоликой картины Творенья.

Знаешь ведь, сатана, что не хлебом одним
Человек проживет в Мирозданьи,
Если все созидается Словом святым,
Обитающем в Божьем Сознаньи!»

Я всегда руководствуюсь словами великого Фридриха Шиллера: *«Искусство божественно до тех пор, пока не служит власти»*.

Искусство — это сфера божественного созидания, олицетворяющая идею бессмертия, и в этом его величайшая миссия, ибо книга, дающая человечеству мудрость и учащая его добру, предотвращая кровопролитные войны, воспитывает просвещенные поколения. Вдохновенная симфония способна объединить народы, окрыляя их гармонической образностью, а гениальная картина или скульптурная композиция, отражающая вечные идеалы, властна преобразить сознание миллионов людей.

Именно поэтому, во все времена и у всех народов, историческое назначение творцов состоит в неустанной работе над духовной сутью человечества.

Иоанн Златоуст сказал: *«Воспитывающий душу живую достойней всех ваятелей и живописцев»*.

Поэт своим вдохновением властен остановить ускользающее мгновение жизни, вложив в него смысл Вечности.

Миссия поэта очень непроста и в то же время — очень ответственна, ибо каждое произведение, прошедшее через его душу, становится духовным кирпичиком Храма Мудрости, исторически создаваемым нашей цивилизацией.

«Истинная слава состоит в том, чтобы делать то, что достойно быть описанным и писать то, что достойно быть прочитанным», — утверждал Плиний.

Поэты несут человечеству дух просвещения, всецело жертвуя собой во имя созидания мира, пробуждая в человеческих душах огонь Вселенского Разума, пропуская через себя каждую эпоху, каждую жизнь на планете, выражая все ее радости и горести, взлеты и падения, переосмысление и озарение, являя уникальные пути эволюции каждой личности и цивилизации в целом.

Платон сказал: *«Кто идет к вратам поэзии, не вдохновленный музами, воображая, что одно искусство сделает его поэтом, тот и сам несовершенен, и поэзия его — ничто в сравнении с поэзией вдохновленного»*.

С вершин Парнаса, где бьют кастальские ключи вдохновения, сошли в мир бессмертные труды Вергилия, Горация, Овидия, Гомера, Тита Лукреция Кара. Многогранностью духовной мудрости пришли к нам трактаты восточных философов.

В истории мы можем увидеть интересные факты, свидетельствующие об образованности великих полководцев. Кир Великий во все походы брал с собой библиотеку, которая размещалась на 500 верблюдах, причем все верблюды шли в алфавитном порядке.

«Между ученым и поэтом простирается зеленый луг: перейдет его ученый — станет мудрецом, перейдет его поэт — станет пророком», — писал Джебран Халиль Джебран.

Карл Вейерштрасс своими словами подтвердил взаимопроникновение и взаимодополнение науки и поэзии, сказав: *«Нельзя быть настоящим математиком, не будучи немного поэтом»*.

Поэзия — это путь осознания Творца через Его Слово, озарением пророчества, проникающего в наши души. Она является интуитивным выражением сакральных сфер Бытия — изначальных, реликтовых форм Творения, первоосновой чувства, мысли и слова. Поистине, это Вселенское посвящение творческой души, несущее духовный свет многоликому и противоречивому миру, идущему тернистыми путями познания Истины. Это стезя разума, ведущая человечество в новые, неизведанные сферы гармонического созидания.

Смысл жизни поэта в том, чтобы суметь донести до человечества свои мысли, уникально отразив картину мира во всей полифонической гамме образов и чувств, быть услышанным и понятым современниками, в то же время, творя свои произведения для просвещения грядущих поколений.

«Дети боятся темноты, а мы нередко пугаемся света», — говорил Тит Лукреций Кар.

Прав был Конфуций, изрекший: *«Легче зажечь одну маленькую свечу, чем проклинать темноту»*.

Весь мир строится на динамическом движении мысли и слова. Как пример, на лице одного шумерского мудреца, изображенного на амфоре, отражено больше движения, чем на изображениях всех древнегреческих бегунов.

Степень познания и созидания духа безгранична, и мы не перестаем удивляться тому, насколько глубинно и динамично можно осваивать и созидать этот мир через интуицию и вселенское слово.

Каждый творец берет на себя великую ответственность за свое творение перед человеческой цивилизацией и грядущими поколениями.

Древние греки говорили: *«Не смотри на обилие яств на столе, а смотри на то, какой духовный пир царит над ними, какие мысли и чувства витают в эфире, и лишь тогда, когда ты ощутишь суть происходящего, осознай — достоин ли ты разделить трапезу со всеми»*.

Поэзия является языком Божественного созидания Вселенной, полифоническими гаммами Слова выражающим гармонию миров. Это лик

Господнего вдохновения, произрастающий из глубины Души блаженным озарением Мысли. Это та святая, духовная Свобода Творчества, которую невозможно уничтожить никакими режимами, запретами и ограничениями, ибо в ней свет Истины, дыхание Жизни и стезя Вечности.

«Настанет время, когда наши потомки будут удивляться, что мы не знали таких очевидных вещей», — говорил Сенека.

Когда говорят пушки — музы не могут молчать.

Тысячелетиями война за обладание мировым ареалом идет прежде всего на ментальном уровне. В этой войне правды и лжи за всю историю погибло огромное количество талантливых и гениальных людей — творцов, являвших научное, культурное и духовное развитие планеты. Эта война еще более цинична и кровопролитна, нежели любой другой конфликт, ибо она уносит лучшие достижения человечества, уничтожая нравственную и моральную составляющую цивилизационного развития.

Поэтому потенциал любого государства должен оцениваться не по количеству вооружения, а по научным и культурным достижениям, несущим прогресс нашему миру.

Когда б хоть половину всех усилий,
Что отданы ведению войны,
Мы делу просвещенья посвятили —
Нам арсеналы были б не нужны,
И «воин» стало б ненавистным словом
И тот народ, что так презрев закон,
Разжег войну и пролил кровь другого,
Вновь, словно Каин, был бы заклеймен.

Генри Лонгфелло

Многообразьем постиженья
Высоконравственных идей
Страна — вершина достиженья
Цивилизованных людей.

Мир подошел к отправной точке соединения всех видов и организаций социума в единую универсальную систему разума. Мы стоим на пороге свершений новой эры человечества — Эры Космического Сознания.

На нашей планете существует язык мудрости и глупости, зла и добродетели, тщеславия и высокомерия, лжи, тирании, невежества и деспотизма, язык разума и безумия. Это то, что определяет человеческую нравственность или безнравственное поведение. Есть язык любви, прогресса и взаимопонимания, — тот божественный, объединяющий народы язык, на котором говорит человеческая душа и разум, выражая суть истинной гармонии Вселенной. Это подобно музыке, живописи, танцам, которые не нуждаются в переводе. Прежде всего каждая личность должна определиться в том, насколько она достойна звания Человека, а затем соотносить себя с национальными, религиозными и другими признаками. Порой надменное ханжество даже пытается указать Творцу, как лучше создавать Вселенную, или заставлять человеческий дух принимать неприемлемое, вместо возвышенного чувства созидания, пробуждая в нем ненависть и отторжение из-за насилия.

Бог создавал Мироздание языком мудрости, света и любви, и в этом его истинное величие, выраженное в гармонии миров.

Пока будет жив язык, в нем будут жить все культурные, исторические, нравственные и цивилизационные факторы человечества. В нем будут жить дух и душа народа.

Всесильем истинного Слова
Высоконравственных натур
Язык — духовная основа
Цивилизованных культур.

«*В стране, где есть справедливость,*
    стыдно жить бедным и ничтожным,
Равно, когда справедливости нет,
    постыдно быть богатым и знатным», — изрек Конфуций.

Я всегда был и буду врагом авторитарной системы, обличая ее жажду уничтожения всего талантливого и гениального. Есть мысли, движущие вперед прогресс нашей цивилизации, и не важно, на каком языке они высказаны. Можно сжечь великие труды, как это было сделано с Александрийской библиотекой, но никогда не уничтожить мудрый дух свободы творчества человеческой души, творящий вне земного бытия, но временно пребывающий в его пределах.

Поэту дано выразить смысл Вселенского Творения, уйдя от стереотипных догм и правил материалистических основ в сферы безграничного духовного созидания.

Ему дано показать весь спектр восприятия человеческой душой гармонии мира, вселенский путь эволюции духа в преображении человечества на планете.

Я никогда не пожелаю иметь безграничную власть над судьбами людей и не хочу стать обладателем смертоносного оружия, убивающего народы. У меня есть то, что выше всех властей и сильнее всех орудий, разрушающих мир. Это — слово божественного созидания Вселенной, которое силой добра и правды возрождает миры из пепла зла и ненависти.

Если слово — это лицо говорящего, то рукопись — его душа. За долгие годы своей писательской деятельности я научился видеть человеческую душу в каждой строчке послания. В рукописи определение истины подобно тому, как музыкант-виртуоз слышит в чьей-то игре фальшивые ноты или опытный ювелир безошибочно определит, где шедевр, а где — подделка.

Омар Хайям сказал:

«Хоть и не ново, я напомню снова:
Перед лицом и друга и врага,
Ты — господин несказанного слова,
А сказанного слова — ты слуга».

Истинное богатство поэта — в его душе, а служение человечеству — превыше всего.

Поэт всегда неугоден обществу, ибо его слова — это путь правды. Его строки набатно бьют в души тиранам, открывая глаза миллионам людей.

Прошли жуткие времена тоталитарного коммунистического режима, уничтожавшие в тюрьмах и лагерях интеллектуальный цвет наций, — те времена, когда за одно слово правды человек мог поплатиться своей жизнью.

Множество творческих людей было брошено на страшный жертвенник эпохи во имя воплощения безумных идей.

Великие ученые умы и творческие личности сгонялись в систему лагерей, навсегда безвестно исчезая там. Этому посвящен мой Исторический цикл, где от первого лица описаны все трагические события того страшного времени.

Пусть найдется такая земля,
*   что, поправ мировые законы,*
В обуяньи шальных, полоумных, бредовых идей
Возлагает на жуткий алтарь миллионы
Да ни в чем не повинных, обманутых властью людей!

* * *

Ты великим стремлением вещего смысла
Указаний «бессмертных» вождей не нарушь.
Сосчитай, сколько в зонах расстреляно мыслей,
Подытожь, сколько в тюрьмах погублено душ!

    Мне было 4 года, когда пришли рушить церковь, стоявшую возле нашего дома. Рабочие обмотали железными тросами купол и тракторами пытались его свалить, но трос мгновенно порвался, чуть не убив тракториста. Наконец, после третьей попытки, купол упал. Я помню, как тяжело и тревожно вздрогнула земля от этого падения, будто упал тысячелетний титан, удерживавший небо. Пожилые люди стояли в стороне и крестились. Моя бабушка, прижав меня к себе, шептала молитву. Так изгоняли веру в Бога из нашей страны, опустошая человеческие души...
    Вечером, втайне от родителей, я выбежал на улицу. Сгущались сумерки, окутывая местность таинственным полумраком. Я подошел к руинам церкви и начал собирать осколки фресок. Их было много, и все они были удивительно красиво расписаны яркими красками, в вечерних тонах загадочно выражая суть сопричастности к неведомому. Своим детским сознанием я пытался найти связь между разбитыми фрагментами образов святых, складывая их, как мозаику, пытаясь интуитивно предвидеть образ будущей Эры Возрождения Человеческого Духа.
    Вдруг среди обломков я обнаружил изящный хрусталик от церковной люстры, показавшийся мне драгоценным камнем. Я взял его в руки и навел на восходящую над горизонтом яркую Венеру, и ее проникновенный свет, преломленный через эту призму, создал волшебную картину детских грез, навсегда запечатляя в моей душе божественную суть небесного в красоте земного.
    Затем через некоторое время здесь я написал стихотворение «Пророчество», обращенное к будущему прозрению людей.

Многие люди говорят: «Не дай Бог жить вам жить в эпоху перемен», но именно великие дела рождаются на изломах систем.

Не важно, сколько ты увидел в этом мире, а важно то, как ты переосмыслил эту информацию и донес до ее человечества.

Поэт создает неповторимую философскую картину жизни на Земле, духовно облагораживая среду своего существования, убирая краеугольный камень смерти, ведя человечество в божественные миры бессмертия, любви, добра и перевоплощения.

Великий Джордано Бруно — поэт Вселенной, глядя в глаза инквизиторам после оглашения приговора, сказал: *«Возможно, вы с большим страхом произносите приговор, чем я выслушиваю его!»*

«Никогда бы волны нашего духа не поднимались так высоко к небу, если бы они не наталкивались на скалы судьбы», — гласит древняя германская мудрость.

На нашей планете всегда были очень тяжелые времена, но даже в голод, войну и в концлагерях люди духовного созидания не теряли веры! Даже за несколько секунд до смерти от руки римского солдата Архимед продолжал записывать свои мысли, а палач перед казнью Джордано Бруно вложил ему тряпку в рот, чтобы тот из костра не смог своими последними словами нести людям свет истины. Даже на смертном одре поэт пытается художественным словом выразить свои последние часы пребывания в этом мире, неустанно веря и творя во имя истины, чтобы отчитаться перед Богом за каждое прожитое мгновение земной жизни.

Поэт оправдывает свое вселенское призвание, создавая уникальные образы, наделяя безмолвное и абстрактное душой и духом откровений.

«Сочинение стихов ближе к богослужению, чем обычно полагают», — считал Анатоль Франс.

Исполненные неповторимых метафор и аллегорий произведения являют собой весь спектр интуитивного познания Жизни, всю полифоническую чувственную гамму восприятия мира, создавая проникновенную картину Божественной Гармонии, возводя поэзию в грань пророчества. Именно так ищущая ответы на извечные вопросы Мироздания человеческая душа пытается взойти путями Мудрости от земных циклов существования к универсальности Вселенского творения.

Вулкан человеческих чувств силой душевных порывов рождает алмаз мыслей, который, шлифуясь во времени разумом, в словесном совершенстве становится бриллиантом стиха.

Благословенные семена Вселенских идей, воплощенные в поэзии, становятся паростками Духовного Сада Мудрости в человеческих душах.

Драги души на Вселенском духовном прииске просевают миллиарды бит мирозданной информации, изыскивая крупинки Мудрости, чтобы затем разумом выливать их в ювелирные изделия строф, несущих Человечеству свет Истины.

Вселенная сама выстраивает гармонию смысла через душу поэта. Благодаря образной связке слов в уникальную форму строфы, поэтическое произведение живет вечно. Это уже зависимость поэта от информации, подобно тому, как он проходит через жаркую пустыню и, изможденный зноем, припадает губами к чистому роднику.

В метафизической основе
Миротворящей круговерти
Все, что запечатленно в Слове, —
Отождествляет лик Бессмертья.

Поэт властен за секунду пропустить через себя тысячи миров, образов и оттенков, создавая четко выстроенный ритм словесной матрицы, вплетенный в чувственную канву.

«Живопись — это поэзия, которую видят, а поэзия — это живопись, которую слышат», — говорил Леонардо да Винчи.

Поэты тысячелетиями являются носителями и хранителями этого великого искусства, данного человечеству для его духовного развития во Вселенной. Первоистоками языка с накоплением знаний об истории нашей планеты и создании Вселенной, душевном и нравственном мире человека и цивилизации они выражают истинную суть Мироздания. Это необычный трансцендентный язык, и каждая сущность в мире имеет свою словесную формулу жизни.

Поражает аллегорическая глубина мыслей, воспроизведенная в поэзии. Широкий круг мировоззрения, гармоническим взаимодействием внешнего и внутреннего миров, побуждают поэта, вне пространства и времени, воспроизводить истинный смысл Бытия.

> *Духовного ритма святая граница*
> *Рождает величие светлых идей.*
> *Закончится действие — смысл будет длиться*
> *Могуществом слова в сознаньях людей.*

Поэзия окрыляет человеческие души, наполняя их блаженством сопричастности к Высшему Началу, интуитивно открывая суть Божественного мира. Творческий процесс всецело поглощает поэта. Строфы магически выстраиваются в единый смысловой ряд, как будто сам Дух Вселенского Посвящения, стремясь перечеркнуть все логические ряды, созданные различными теориями и доктринами, через поэтическое слово являет свет истины этому миру, раскрывая человечеству загадочный ребус жизни. Это является самым высоким уровнем Сверхбытия, где человеческая мысль, духом соединенная с Божественным Творением, своей интуицией воспроизводит мировые уровни развития цивилизации.

> *Проявляются миллиарды октав,*
> *Где в Бессмертье стезей вдохновенной*
> *Ты уйдешь, мудрость Бога духовно впитав*
> *В лучезарных просторах Вселенной.*

Поэтическое выражение неустанно ищущей творческой души, пропитанной глубоким одиночеством и отрешением, пытается среди стереотипных догм реалистического мира взрастить светлые паростки вселенских мыслей на планетарном поле Разума. Пронося через свои переживания судьбы многих образов, проживая эмпатией сущность времен, поэт стремится выразить Вечное в мгновенном и Всеобъемлющее в частном. Этот неустанный поиск новых форм созидания в причинно-следственных дилеммах Бытия, поистине, сделал поэзию не просто духом жизни, а самой Жизнью, в которой ежеминутно рождается, формируется и гибнет множество миров.

Поэзия — это великая сила искусства, несущая в себе общечеловеческую ценность, творящая вне расовых и религиозных догм, своей уникальностью во все времена объединяющая народы мира стремлением к развитию планетарного творчества как духовной основы нашей цивилизации.

Она является трансцендентным видением мира, когда самые обычные предметы и явления, снимая покров обыденности, предстают перед нами в уникальной смысловой гамме метаморфоз, выражая глубину скрытых образов и чувств.

Проникновенная мудрость античных философов и поэтов, наделявших земную природу космическим духом жизни, слагала уникальные по своей красоте произведения, посвященные богам и созвездиям, являя человечеству мифологические образы Вселенной.

Когда-то Александр Македонский похвастался восточным мудрецам своим завоеванием земель, на что услышал от них в ответ: «Царь Александр, каждому человеку принадлежит ровно столько земли, сколько у него под ногами. Вскоре ты умрешь, и тебе достанется столько земли, сколько хватит для твоего погребения».

Их словам вторил Диоген. «Проси у меня, чего хочешь», — сказал Александр. «Отойди, ты заслоняешь мне Солнце», — ответил Диоген.

Внемля космическому слогу
Вселенской жизненной поры,
Все то, с чем мы восходим к Богу, —
Души священные дары.

Поэт, несущий идеи добра и созидания, не имеет права жить в таком обществе, где слово о мире пресекается законом, а война является почетной участью правителей, обрекающих свой народ на неминуемую гибель. Его произведения никому не нужны, если он не придворный лизоблюд, прославляющий любую пришедшую власть. Являясь носителем истины, он отторгает фальшивые ценности, обличая ложь и зло, скрытое под маской добродетели. Он не боится высказать правду в лицо тирану, зная, что за ним стоит Божественная Мудрость и Бессмертие.

Поэт — это не профессия, а образ жизни, Божественное призвание, и по этой причине поэтов считают людьми не от мира сего, изгоняя их из общества и лишая малейшей надежды на существование. Жизнь поэта — это вызов обывательскому серому обществу, полному реалистических стереотипов, выражающих борьбу за обладание материальными благами. Это самопожертвование во имя искусства и неустанное служение высоким идеалам, жаждой гармонического преобразования мира в донесении истинных чувств и образов до человеческих душ. По аксиоме, выведенной людьми, поэт должен быть нищим и голодным, умирая в изгнании и мучениях, ибо его блага — духовные. Необходимо изменить ход истории, перечеркнув суть кощунственных догм, созданных прагматичностью этого мира.

«Каждый ребенок в какой-то мере гений, и каждый гений в какой-то мере ребенок», — изрек Артур Шопенгауэр.

Но, к сожалению, в нашей жизни все происходит иначе.

Законом нравственно-моральным
Мы убеждаемся заветно:
Коль будет разум гениальным,
То признается он посмертно.

Ко всему вышесказанному, я приведу фрагмент из моего произведения «Ночь последнего искушения».

Ты ищешь плодотворный толк
От созидательных идиллий,
Как Аристотель, Эмпедокл*,
Плутарх, Гораций иль Вергилий?
Твое духовное нутро
Иссякнет созиданьем вскоре,
И на сознание тавро
Наложит пагубное горе.
Смерть жадно ходит за тобой,
Исполненная дел кровавых,
И ты, как Байрон иль Рембо́,
Умрешь от рук ее костлявых.
Ведь этот сумасбродный лад
Непререкаемо жестоко
Вверяет свод фатальных дат
Ничтожности земного срока.
Тебе не убежать от свор,
Буяющих безумьем рьяно,
Когда оскалится топор
И плаха ухмыльнется пьяно,

---

* Эмпедо́кл из Акрага́нта (*др.-греч.* Ἐμπεδοκλῆς) (ок. 490 до н. э., Агридженто — ок. 430 до н. э.) — древнегреческий философ, врач, государственный деятель, жрец. Труды Эмпедокла написаны в форме поэм. Был плюралистом, признавая множественность архэ. Являлся сторонником демократии. Ему принадлежит поэма «О природе», из которой сохранились 340 стихов, а также религиозная поэма «Очищения» (иначе — «Искупления». Дошло около 100 стихов).

*Но тщетно на судьбу пенять,
Ведь люди мудрость презирают,
И как ты сможешь миру внять,
Когда тебя не понимают?*

*Одумайся, пока ты жив,
Переиначить дело это,
Ведь негодяи и ханжи
Не терпят участи поэта.
Они у роковой межи
Буяют злобою подложно,
Где умерший Сократ лежит,
Убитый подлостью ничтожно.
Коварностью лихих стремлений
Здесь обнажились сотни жал,
Ведь ни один великий гений
От воздаянья не сбежал.*

Цицерон говорил: «Философствовать — это не что иное, как готовить себя к смерти».

Поэт указывает человечеству путь в Бессмертье, и сам он становится бессмертным на земле через свои творения. Пусть это будет великой победой Вечного над мгновенным и Истинного над ложным.

*Нет, весь я не умру, душа в заветной лире
Мой прах переживет и тленья избежит.*

А. С. Пушкин

*Пусть Время, духом на челе,
Творит в житейской круговерти,
Где через Слово на Земле
В нас проявляется бессмертье.*

Посредством книг — священных хранилищ мудрости, придуманных человечеством, идет процесс духовного роста поколений.

Поэт показывает человечеству все аспекты этого мира в совершенно новых ипостасях нравственности, где силой мысли обнажаются самые сокровенные чувства, а в малом объеме катрена заархивирован колоссальный потенциал информации, являя язык поэзии уникальным гармоническим совершенством.

«Тридцать спиц соединены одной осью, но именно пустота между ними составляет суть колеса. Горшок лепят из глины, но именно пустота в нем составляет суть горшка. Дом строится из стен с окнами и дверями, но именно пустота в нем составляет суть дома. Отсюда возникает общий принцип, что, материальное — форма, а нематериальное — это суть Бытия», — говорил Лао-цзы.

Сегодня я хочу сказать о тех людях, которые в моей жизни никогда не останутся на втором плане, ведь именно благодаря их усилиям и самопожертвованию я смог выжить и состояться как поэт. Это моя мама — Матвеева Тамара Павловна и бабушка — Матвеева Вера Дмитриевна. Их доброта, проникновенная мудрость и соучастие, неустанная помощь и вера в мое творчество дали жизнь всем моим произведениям. Мало быть близким родственником. Великое свершение состоит в том, чтобы стать другом и единомышленником человека, отрешенного от этого мира и всецело погруженного в поиск истины, разделяя все его творческие убеждения, всячески поддерживая и вдохновляя его душу верой и оптимизмом.

Во времена жесткой цензуры и тотальных запретов мои труды хранились в бабушкином диване, и бабушка мне как-то сказала: «Если за ними придут, то никто не сможет их отсюда забрать, даже смерть!»

Моя мама, мудрейший человек — физик, математик, преподаватель астрономии, в один из критических моментов моей жизни, когда невежественные люди упрекали меня в моем «безделье», рассказала мне притчу о бельевой веревке и высоковольтном проводе. Это был сюжет из книги Феликса Кривина, который она исполнила в своей научной интерпретации. «Видишь, какую тяжесть я несу на себе, а ты висишь на высоте без дела», — сказала веревка высоковольтному проводу. На что он ей ответил: «Если бы ты хоть на долю секунды пропустила через себя ту энергию, которую несу в себе я, то от тебя не осталось бы даже пепла».

Мама с детства прививала мне любовь ко Вселенной, удивительными рассказами о планетах и созвездиях открывая ее непостижимые глубины. Это всегда с неописуемым чувством восторга завораживало мою душу, наполняя детские мечты волшебным ощущением сопричастности к вечному.

Обычные слова представали предо мной в совершенно иной — прекрасной, звездной форме, выражая глубинную суть Мироздания с оттенком тайны.

Поэтому я всегда интуитивно понимал, что, помимо обычного языка, есть другой язык вселенской гармонии, на котором говорит и которым творит Бог.

Устремленные в звездные просторы космоса восходящие импульсы чувств, идущие из глубин творческой души, сливаясь со всеобщим Творением и создавая проникновенное единство Личности с Абсолютом, находят изначальные черты соприкосновения миров в трансцендентных гранях Универсума. Эти духовные потоки, прочувствовав и прожив многомерные, неповторимые трансформации Мироздания, снова погружаются в глубины первопричинного «Я», чтобы интуитивным осмыслением, а затем с нарастающей силой осознаний, очередным восхождением во Вселенную, принести Человечеству новый уровень миропонимания мыслями Творца. Поистине, всеохватна и неповторима поэтическая Вселенная Души.

Мой дух, преображая мир,
Всесилием астральных тактик
Летит сквозь квантовый эфир
К скоплениям метагалактик.

Восприяв сознанием в веках,
Благоговеньем устремлений
Я мчусь во временных витках
По лабиринтам измерений.

Среди Галактики большой
На мне — Божественная мета,
Чтоб я летел своей душой
Стремительней потоков света.

Я попадаю под надув
Энергетических течений,
Сверхимпульсивно промелькнув
В преображеньях излучений.

*Мне часто грезится Земля
В лазурном ореоле ярком,
Когда мэонные поля
Творят энергоформы кварков.*

*Лишь информации исток
Летит в пространстве обозримо,
Внедряясь в мчащийся поток
Всепроникающих нейтрино.*

*Среди критической жары
Полиструктурных комбинаций
Трансформируются миры
Цепями синтезных реакций.*

*Глубинами вселенских гнезд
Универсальных изначалий
Рождались сонмы протозвезд
Среди магнитных аномалий.*

*Являя жизненный рассвет
Божественной духовной фазы,
В структуризациях планет
Менялась форма протоплазмы.*

*Генезисы астральных сфер
Хранили множество событий
Цивилизаций, рас и вер
С потенциальностью развитий.*

*Спрягая мирозданный быт
Гармонией проникновенной,
Здесь зарождался лик Судьбы
Разумно мыслящей Вселенной.*

*Здесь много миллиардов лет
Шла трансформация материй,
Чтобы Животворящий Свет
Явился логикой мистерий.*

Мир движется вперед путем переосмысления жизни, неутомимым созиданием формируя свое Грядущее. Величайшей целью человечества является становление цивилизационной морали.

«Поэту посредственных строчек вовек не простят ни люди, ни боги, ни книжные лавки», — утверждал Квинт Гораций Флакк.

Труды бессмертны, когда в них живет душа человечества с его взлетами и падениями, достижениями и переосмыслениями, где дух цивилизаций, во временах и пространствах постигая суть Бытия, космическим мгновением выражает смысл Вечности, а бесконечная Вселенная, созданная Творцом, пульсирует миллиардами миров в великой поэме по имени «Жизнь».

Вершитель Мудрости, благослови
Свет Разума, который Дух пробудит,
Вселенским ликом истинной Любви
Зажги его в душе —
              и Бог в тебе пребудет!

Грядут большие перемены, когда люди по-новому переосмыслят систему мира, в котором они живут. Человечество должно учесть свои роковые ошибки, и новые лидеры с мудрым сознанием обязаны повести мир путями развития науки, культуры и прогрессивных идей гуманизма, ведь на часах планеты третье тысячелетие — время глобальных преобразований и справедливых решений.

Стезей Вселенского глагола
Гласит Божественная Мысль:
Земля — космическая школа,
Где наш экзаменатор — Жизнь.

Уходят в небытие могучие доктрины власти, исчезают великие государства, но остаются бессмертные произведения поэтов, полотна великих художников, произведения выдающихся скульпторов и архитекторов, симфонии гениальных композиторов. Они являются культурной основой нашего становления, сопричастностью к Вселенскому Творению, благодаря чему нас можно назвать высокоразвитой цивилизацией.

Человечество прошло витиеватым путем своей эволюции на этой планете. Подобно ветвистому дереву, планетарная культура, все ярче приобретая черты всеобщности, в новых формах мирового сотрудничества устремляется своим сознанием в безграничные просторы Вселенной, определяя перспективы грядущего духовного развития.

Каждый век имеет свои определения в мировой истории, и мы должны наполнять нашу жизнь прогрессом и культурой, чтобы нами гордились будущие поколения. Какую объективную оценку даст История нашему времени и как назовет нашу эпоху — решать исключительно нам.

Всему предопределена своя миссия вкладом в духовную сокровищницу человечества. У каждой нации она эпохальная, у каждой личности — историческая. Пока существует поэзия, Человечество, как великая Божественная Поэма Жизни, будет бессмертно во Вселенной, вызревая духовным созиданием в безграничном океане Космоса во имя культурного прогресса на планете Земля.

ПОЭТУ ВСЕЛЕННОЙ

В преображеньях созиданья
Высоконравственных идей
Произрастает Мирозданье
Благочестивостью твоей!

Всевышний с благодатью сил
Неповторимости чудесной
Все Мирозданье сотворил
Проникновенностью словесной.

Священностью духовных практик
Струился свет Его лучей,
И манускриптами галактик
Запечатлялся свод речей.

Всесилием астральных действий
Господних мирозданных тем
Сияли рифмами созвездий
Поэмы жизненных систем.

Вложив Вселенские сензары
В духовно-лучезарный свет,
Звучали ямбами квазары,
Вторя хореями планет.

Могуществом проникновенья
Лирически душевных строф
Всевышний силой вдохновенья
Творил гармонию миров.

Так, в жизнерадостном напеве,
Природной чистотой влеком,
Адам твердил признанья Еве
Вселенским вещим языком.

Благословенно обозримы,
Слагая вдохновенный лад,
Звучали выступленья Рима
И древнегреческих палат.

Но, проявив метаморфозу
Греховной пагубной поры,
Всю жизнь мы превратили в прозу,
Творя порочные миры.

Души космическая лира
Являет лучезарный свет,
Чтоб возродил величье мира
Всеутверждающий поэт.

От благоденствия святого
Рождается вселенский смысл,
Когда Божественное Слово
Преобразовывает Жизнь.

Являй пророчески, поэт,
Всесильем праведных восходов
Высоконравственный рассвет
Для благомыслящих народов.

Отождествляя бесконечность,
Твой дух бессмертно воссиял,
В мгновеньи выражая Вечность,
Миры вселенские создал.

В благонамеренной основе
Ты воплощением велик.
Запечатлен в священном Слове
Души космический язык.

Законы жизни не нарушив,
Наполнив чувствами эфир,
Через божественную душу
Являй универсальный мир.

Тела рассыплются во прах,
Внемля вселенскому итогу,
Но дух, возросший во стихах,
Взлетит величественно к Богу.

Благоволениями смысла
Всепроникающих новизн
В нем свет миротворящей мысли
И многоплановая жизнь.

За Слово Истины святое,
Где дух творения возрос,
Бог спас единственного Ноя
И Авраама в Рай вознес.

Являя нравственный контраст
На уникальнейшей планете,
Оно возвышенней богатств,
Мощней орудий всех на свете.

Добро со злом гласят тирады,
От правды и коварной лжи,
Универсальностью плеяды
Преображая смерть и жизнь.

Проклятье и благословенье
Переполняют наш эфир,
Космическое вдохновенье
Неутомимо строит мир.

Поэт! Борись за правду рьяно,
Являя животворный лад, —
За это был сожжен Джордано
И яростно Христос распят!

Священно вдохновленный Музой,
Благословенно развяжи
Запутанный житейский узел
Кощунственно премудрой лжи.

Многообразьем созиданья
Наполнив мыслями эфир,
Поэт, через твое сознанье
Всевышний отражает мир.

Проникновениями истин,
Благословением идей
Стань вдохновляющею искрой
Для жизнерадостных людей.

Погрязший в яростном насилье,
Умеющий добро казнить,
Лишь душу мир распять не в силе —
Бессильно зло твой дух убить!

Поэт, признания при жизни
От современников не жди,
Даря божественные мысли
На Галактическом пути.

Всесилием проникновенья
Увидишь справедливый суд:
Тебя иные поколенья
Благословенно вознесут.

Преображениями мира,
Вселенской Истиной дыша,
Пусть воспаряет вглубь эфира
Обожествленная душа!

Священной Вечностью воспета,
Благоговеньем на челе,
Судьба Вселенского поэта —
В твореньи Слова на Земле.

Животрепещущею новью
Священной Музою трубя,
Благословляй своей любовью
Всех ненавидящих тебя.

Чтобы твоя душа окрепла
Вселенским лучезарным днем,
Восстань из горестного пепла
Всеочищающим огнем.

Животворящим вдохновеньем
Наполнив благостный эфир,
Величественным посвященьем
Преображай духовный мир.

Всесильем истинного Слова
Глаголит мирозданный смысл:
Смерть — переход, за нею снова
Грядет Божественная Жизнь.

Став созиданьем на челе
Гармонии проникновенной,
Последний нищий на Земле
Духовно царствен во Вселенной.

Преображениями смысла
Космологических основ
Дух выражает сонмы мыслей
Интерпретациями строф.

Внемля лирическому слогу
Прекрасной жизненной поры,
Поэт, тебе, подобно Богу,
Творить вселенские миры.

Пока тщеславные педанты
Меняли грехотворный вид,
За правду изгоняли Данте
И гений Пушкин был убит.

Даря магические строфы
В космическую круговерть,
Парнас — преддверие Голгофы
Триумфом сквозь позор и смерть.

Величьем мирозданных грез
Являя праведные чувства,
Иди всесилием искусства
К сиянию лазурных звезд.

Там Бог творит вселенской мыслью,
И ты миры благослови
Бессмертьем истинного смысла
Всепобеждающей Любви!

НАПУТСТВИЕ ПОЭТУ

Вторя духовному разгару
Высоконравственных вершин,
Внемли пророческому дару
Великой творческой души.

Всеутверждающим сознаньем
Отождествив вселенский лик,
Благословенным созиданьем
Слагай космический язык,

Чтобы в священном свете мысли
Среди божественных основ
Явить неповторимым смыслом
Гармонию своих миров.

ГЕНИЯМ

Я однозначно не поверю,
Что гении уйдут бесследно,
В духовной мирозданной сфере
Преображаясь незаметно,
Что в мыслях,
              мудростью налитых,
Исчерпаны добра мгновенья
Для всех бесславных и забытых,
Создавших дивные творенья.
Их удивительные грезы
Летят в эфире, как кометы,
И зажигаются, как звезды,
Создав вселенские планеты.
Высоконравственностью смысла
Они пытливостью сознанья
Являют лучезарность мыслей
В многообразьи Мирозданья.
Рождая искренние чувства
Для созидания идей,
Они творят миры искусства
Неутомимостью своей.
Мешая весен акварели,
Слагая осени сонеты,
Они бессмертие воспели —
Творцы — художники, поэты.
Благословеньем, вдохновенно
Души вселенский монастырь
Преображает сокровенно
Безликий жизненный пустырь.

Теперь, зловредные, бездарно
Являйте низменную новь,
Ведь в ваших чаяньях коварно
Распята светлая любовь,
И приглашения всем розданы
На ужасающую казнь,
Где демоническою прозою
Буяет ханжество, смеясь.
Творите пагубностью злою
Неистово сумбурный свет,
Чтобы фатальностью лихою
Был уничтожен вновь поэт!
Ведь будет ложь коварной властью
Бесчинствовать в плеядах дней,
И зло с неугомонной страстью
Буянить алчностью своей,
И Правда вся в тяжелых ранах
Ютиться в благостных речах,
А подлость в королевских санах
Ходить в могучих палачах,
Пока в пылу бесчеловечности,
Среди безумия земного,
Караются посланцы Вечности,
Глаголящие Божьим Словом, —
Те, кто вселенскими ночами
Струятся с мировых вершин
Неугасимыми лучами
Недосягаемой Души.

ШЕКСПИРУ

Твой на Земле бессмертный лик —
В неутомимости творенья,
Духовной силою велик,
Благоговеньем посвященья.

Являясь лучезарной мыслью,
Строфой сонеты создавал,
Вселенским благодатным смыслом
Сюжетность сцен актерам дал.

Неукоснительностью правил
Высоконравственных эпох
В своих стихах судьбою правил,
Как выдох смерти, жизни вдох.

Небесным посвященьем мира
Труды вселенские являл,
Когда тебе играла Лира
И рифмой Бог благословлял.

В животрепещущую новь
В души космическом сосуде
Твоя священная любовь
Бессмертно открывалась людям.

При оплавлявшихся свечах
Себя растрачивал с излишком,
Когда в магических ночах
С тобой беседовал Всевышний.

Вселенской благодатью сил
Из мирозданной круговерти
Тебя Он в Храм свой пригласил,
Даря священное Бессмертье.

БАЙРОНУ

Благословением столетий
Вникая в жизненную суть,
Ты смог душою на планете
Создать проникновенный путь.

Творил всесилием желаний
Неповторимые миры,
Меняя чувственные грани
Высоконравственной игры.

Духовной силой созиданья
Неподражаемых чудес,
Вселенской глубиной сознанья
Вникал в риторику небес.

Животворениями строчек
Объединяя свет и тьму,
Благословениями ночи
Дарил познание уму.

Ты, невзирая на ненастья,
Труды божественно вершил,
Являя величавость счастья
Свободно дышащей души.

Тебе б прожить еще лет тридцать
И созидать, любить, гореть,
Но ты успел испепелиться,
Встречая роковую смерть.

…В фатальном пагубном итоге,
Велением лихой руки,
Жизнь завершив на полдороги,
Путь оборвал на полстроки.

ГЕТЕ

Плененный силой вдохновенья
Высоконравственных идей,
Ты жил величием творенья,
Снискав признанье у людей.

Ты постигал судьбы дилемму
Проникновенностью ума,
Решив Вселенскую проблему,
Что Жизнь представила сама.

Свободно действующим даром
Прославившись в плеядах лет,
Дарил космическим разгаром
Души миротворящий свет.

Идеи — лучезарным саном,
Где подсознание твое
Вникало в жизненные тайны,
Преображая Бытие.

Твореньем подойдя к итогу,
Бессмертие предначертал.
Финальной сценой перед Богом
Премудрым Фаустом предстал.

МОЦАРТУ

Твой гений уникальным был,
Являя красоту Созданья,
Величием духовных сил
Отождествляя созиданье.

Подняв убийственный бокал,
В котором жуткий яд таился,
Ты Господу свой дух отдал
И в Вечности преобразился.

Лишь сонмами сонат священных
Звучит в космической тиши
Неутомимостью блаженной
Вселенский лик твоей души.

СОКРАТУ

Являя благодатью истин
Начертанный Вселенной путь,
Ты был невероятно искренен,
Трактуя жизненную суть.

Блаженством гениальной мысли,
Где спорила душа сама,
Вершил многообразьем смысла
Идей в пытливости ума.

Творил величье Мирозданья
Всепониманием основ,
Благоговением сознанья,
Несущим истину веков.

ПУШКИНУ

Вдали от злободневных пут
Извечно суетливой жизни
Духовным мирозданным смыслом
Обосновался твой приют.

Над мрачной Черною рекою
Закончил светлые дела,
Где смерть костлявою рукою
Дантесу пагубность дала.

Ты знал, что в мире сокровенно,
И року дерзновенно внял,
И славой гения священно,
Неотразимо воссиял.

Неутомимостью стихий
Явив многообразье света,
Дарил вселенские стихи
Благословением поэта.

Отвергнув царственную почесть,
Являя благородный смысл,
Ушел всесилием пророчеств
В небес заоблачную высь.

Среди опустошенных просек
Покоится нетленный прах,
Где душу Болдинская осень
Качает на святых руках.

А я сегодня непосильно
Вселенским творчеством тружусь,
Чтобы божественно всесильно
Духовно расцветала Русь!

ЛЕРМОНТОВУ

Ох, если мир бы не тревожил
Плеядами фатальных дней,
Тогда бы ты счастливо дожил
До тихой старости своей.

Твердил бы светлые молитвы,
Глядя с надеждою в окно,
Припомнив доблестные битвы,
Да вслух читал «Бородино»!

Писал бы яркие рассказы
О светской жизни знатных дам,
Используя в сюжетах фразы,
В которых проявлялся сам.

Но ты имел иные цели,
Идя спокойствию вразрез,
Хоть был так свеж итог дуэли,
Где Пушкина сразил Дантес.

Всесильем жизненных искусств,
Путем усердного стремленья
Ты выплетал плеяды чувств
В бессмертные стихотворенья.

Строфой познание итожил,
Контрастами наполнив свет,
Хоть смерть уж расстилала ложе
И заряжала пистолет.

Но, не предчувствуя лихое,
Ты сладострастно жизнь любил,
Умен был, дерзок, смел с лихвою,
За что всегда в почете был!

А Бог глаголил в свете мысли
Своим сознанием святым:
«Поэт всегда из этой жизни
Ко мне восходит молодым!»

МАЯКОВСКОМУ

Среди толпы многоголосой,
В буянии коварных дней,
Ты вырос дерзостным Колоссом
Эпохи сумрачной своей.

Коммунистической обузой,
Всесильем ревностных потуг,
Ты выдал спецодежду Музе,
Запряг Пегаса в тяжкий плуг.

Являя светлые потоки
Неподражаемых речей,
Рождались жизненные строки
Дыханьем доменных печей.

Открыв неласковому свету
Метафоры контрастный мир,
Властями злобными воспетый,
Буравил чувствами эфир.

Могучим устремленьем мысли
Создав свой творческий успех,
Преображал всесильем смысла
Величие помпезных вех.

Неутомимостью сознанья,
Душой горластого столпа,
Струился голос созиданья
В скрещеньи молота-серпа.

А сердце пламенным мотором
Являло неустанный ход,
Хоть с удручающим укором
Приблизился финальный год.

Глаголил безупречно просто
Набатный громогласный слог,
Но вглядывался в окна РОСТа
Фатально-роковой итог.

Преобразив идейный профиль
В своей неистовой судьбе,
Творил изысканные строфы
На вечный памятник себе.

Но, приоткрыв в Бессмертье дверцу,
Стезей летального конца
Вмиг осадил шальное сердце
Смертельной мерою свинца.

ЕСЕНИНУ

Ты с лучезарною строфою
Божественных духовных сил
Благословенною душою
Творил величие Руси.
Возвысив истинную Вечность
Всесилием насущных тем,
Слагал святую безупречность
Своих лирических поэм.
Животворящим вдохновеньем
Господних чувственных основ
Являл вселенским откровеньем
Глубины творческих миров.
Но на сердце сочилась рана,
И, вмиг рассорившись с судьбой,
Ушел из жизни слишком рано
Стезей фатально-роковой…
Лишь шелестят Руси дубравы
Свободою благих стихий,
Да воспаряют светлой славой
Твои бессмертные стихи.

ГУМИЛЕВУ

Тот день предчувствовал лихое
Безумием коварных свор,
Когда проклятие шальное
Писало жуткий приговор.
Запепелились в небе птицы,
Как мысли недопетых строк,
Когда пришли твои убийцы,
Чтоб оборвать житейский срок.
Подняли окриком мгновенья,
Являя пагубный кошмар,
Чтоб проводить путем забвенья
В иную жизнь
           с холодных нар.
Последний миг перед расстрелом.
Коварством спущенный курок
Застыл рывком остервенелым,
Творенью отмеряя срок.
Но ты смотрел на мир рассветно,
Вселенской верою дыша,
Узнав при жизни,
           как бессмертна
Твоя великая душа.

ОСЕНЬ ЦВЕТАЕВОЙ

Пролей, неласковая осень,
Неутолимую печаль
О той, кто милости не просит,
Уйдя в Божественную даль.

Ее ты не отговорила
От смерти, вдохновив сполна,
Когда безвыходность явила,
Сыграв трагедию одна.

Благословеньем откровений
Преобразившейся тиши
Встань на продрогшие колени
Просить прощенья у души.

Осыпь ее приют цветами,
Укрой опавшею листвой
И помяни в мирах Цветаеву
Уныло-томною порой.

Возвысь навек ее участье
Судьбою Музы роковой
За это истинное счастье —
Сиять Господнею Звездой!

ЛЕОНИДУ ГУБАНОВУ

Как поздно вы пришли с признанием
Духовной чувственной крови
Явить сердечным покаянием
Трагедию святой любви.
Почтить того, кто в злобных узах
Гласил душой на весь эфир,
Божественной строфою Музы
Наполнив многоликий мир.
Того, кто, ханжеством оболганный,
В сиянии священных грез
Писал судьбу ночами долгими
Чернилом крови, горя, слез.
Того, кто жаждал в бесконечности
На запредельность посмотреть
И возжелал в глазах у Вечности
Мечтой вселенскою взлететь.
Величьем Истинного Слова
Его безбрежность приняла,
От триединого-святого
Душе вручая два крыла.

* * *

А если бы не пуля
      в груди у Пушкина?
А если бы не петля
      на шее у Есенина?
А если бы не яд
      в бокале у Моцарта?
Сколько стихов упущено!
Сколько сонат посеяно!
Сколько погибло эмоций!

ПУТЬ ПОЭТА

На монастырь моей души
Все налетают ветры горя,
И одиночество страшит,
С безверием извечно споря.
А я отчаянно воспет
Фатально-роковою метой
И в грешном мире много лет
Брожу с пророчеством поэта.
Мой лик намеренно укрыт
Впотьмах Вселенского жилища,
Где демонический пиит
Неутомимо жертву ищет.
...Ты в пору брошенной любви,
Забыв о горестях печальных,
Меня душевно позови
Прийти к тебе
        из странствий дальних.
У Бога силы попроси
Благословеньями святыми
И полуночно воскреси
Людьми затравленное имя.
Да, я приду к тебе на миг
Духовностью Вселенской сени,
Чтобы, коснувшись рук твоих,
Упасть душою на колени.
Я расскажу тебе в ненастье
Про мудрецов, глупцов, царей,
Творящих жизненное счастье
Кипеньем ревностных кровей.

Я изолью лихие муки
Пророчествами вещих слов,
Забыв терзания разлуки
Непримиримых вечеров.
Где замерли миров титаны,
Среди космической тиши,
Вручу тебе ключи от тайны
Великой творческой души.
Вторя Божественному слогу,
Меня зовет судьба — пора
Идти в далекую дорогу
Скитаньем ночи до утра.
Пора отчаянно идти
Неугомонному изгою
По мирозданному пути
За лучезарною звездою.
...Когда бы я в своей судьбе
Вознесся верою святою,
Тогда бы присягнул тебе
Животворящею зарею.
Я знаю, ты, меня простив,
Сомкнешь свои уста святые,
Блаженным взглядом окрестив
Пути познания земные.
...Так пусть
    Вселенским созиданьем
В духовной красоте вершин
Зажгутся радужным сияньем
Две Богом избранных души!

ДУХ СВОБОДЫ

Вопреки убеждениям жизненных правил,
Продиктованных волей коварных людей,
Я священную мысль вдохновенно направил
В мирозданное русло бессмертных идей.

Неустанной натурой на поиски счастья
Я отправился в свой кругосветный вояж,
Чтобы сонмами грез отторгая ненастья,
Накопить благодатный духовный багаж.

Устремившись мечтами к святому началу
Венценосной стези лучезарных вершин,
Я открылся магическому потенциалу
Созидательной сути Вселенской Души.

Я парил мирозданною явью виденья,
Проявляя всесильный душевный ресурс,
Где архангелов лики, даря мировые знаменья,
Проницательным светом давали
                                  Божественный курс.

Я пытливо смотрел, как порой волны бились
О корму, нагоняя раздумий мечтательный бриз,
И в тот миг же прекрасно фрактально* дробились,
Разлетаясь на тысячи радужных брызг.

---

* Фракта́л (*лат.* fractus — дробленый, сломанный, разбитый) — математическое множество, обладающее свойством самоподобия (объект, в точности или приближенно совпадающий с частью себя самого, то есть целое имеет ту же форму, что и одна или более частей).

Созиданьем ума, в благородстве
                              структуры телесной,
С многогранностью светлых великих идей,
Я плыл в едком тумане стезей,
                              только Богу известной,
Насмехаясь над явным бессилием жутких смертей.

Водяные вздымались огромные глыбы,
И, усердьем наполнив божественный дух,
Избегал я порты с вонью устриц
                              и вяленой рыбы,
Обходя стороной плен затянутых тиною бухт.

Я устремлялся в чувствах безмятежных
Парить мечтой божественной своей
И был счастливей всех земных святых и грешных,
Богаче императоров, вельможных пэров и царей.

Красотой мирозданного ясного фона
Мне являлись виденья из жизненной глубины,
Отражая в эфирном сиянии лик Ориона,
Солнца золото и великолепье Луны.

Только страх проявлялся во снах миражами,
Предрекая затменье сознанья безверьем души,
Но сбегал я искусно от рока судьбы виражами,
Выражая бессмертье духовных вершин.

А ветер надувал вновь паруса так рьяно,
Неся меня к просторам северных широт,
И, словно разъяренный организм, пучина океана
Пыталась уничтожить жизненный оплот.

Небосвод проливал мне свои лучезарные взоры,
Где не в силах соперничать со скоростями комет,
Многоликостью гамм проносились в тиши метеоры,
Порождая заветных желанный магический свет.

…Я созидал в мечтах миры неутомимо,
Увидев светлый образ Бога вдалеке,
И по ночам, унылым пилигримом,
Писал заметки в капитанском дневнике.

Сбегал всегда от пагубных пророчеств,
Летя святой свободою за сотни миль,
Угрюмою стезей блаженных одиночеств
Возненавидев бури, проклиная штиль.

Пылал неутомимой жаждой информаций,
Войдя своей натурой в дерзостный азарт,
Перекрывая меры дальних навигаций,
Забыв про указания компасов всех и карт.

Опьяненный космическим духом свободы,
Я горел вдохновенной натурой своей,
Бороздя океанов штормящих бескрайние воды,
Натыкаясь на рифы с обломками всех кораблей.

Корабль мой погружался в толщу океана
И тут же птицей воспарял над гребнями валов,
Уверенностью флагманского сана
Являя силу жизненных основ.

Я поддавался чувственной природе,
Отвергнув силу городских оков,
Как беглый раб, мечтавший о свободе,
Что стал скитальцем в таинствах веков.

...Потрескались крепления штурвала,
Изрядно потрепался корабельный календарь,
И в окаймлениях морщин
            белела соль от ярых шквалов,
Да угасал мечты Божественный алтарь.

Но время выплетало жизненным узором
Осмысленную мировую суть,
Чтобы сердечный ритм душевным разговором
Являл порывов благородный путь.

Да, я боролся сущностью Атланта
С армадой волн натурою своей,
Оставшись без воды и провианта,
Варя себе супы из кожаных ремней.

За мною гнались дерзкие пираты,
Но недоступен был им корабля
                        скользящий бег,
Хоть на грот-мачте ветхие канаты
Указывали на его прожитый век.

Я пылал благодатью святого призванья,
Возгорая огни окрыляющих душу надежд,
Но с годами мое угасало сознанье
И тускней становился узор капитанских одежд.

Я убегал от старости спесиво
Натурой вдохновенною своей,
Величием неутомимой страстной силы
Являя свет божественных идей.

Я понял, шквалы Мирозданья одолевший,
Что Божий крест мне век нести
                             в осмысленную новь,
И вопреки всему
                 в стихиях уцелевший,
Впускаю в сердце светлую любовь.

Пусть тусклый горизонт,
                        пророчества глаголя,
Ветрами смурными отчаянно споет
О том, как эта неприкаянная воля
Отождествила отрешение мое.

Я верю, что закончатся все бури,
И глубиной эфира, что духовно свеж,
Покажутся в сияющей лазури
Все острова утраченных надежд.

Да, я спешу с безверьем распрощаться,
Плывя среди космических широт,
В унылом одиночестве
                     блаженного скитальца
Взирая на блистательный Восход.

Плыву, чтобы всесилием рассвета
Среди мирской извечной суеты
Божественно жила душа поэта
В благословеньи творческой мечты.

ПОСЛАНИЕ

Откровеньями книг, чистотой сотворенных,
Озаренье сошло со вселенских высот,
Чтобы в радостный миг
                сонмом лет просветленных
Мирозданье родило Божественный всход.

Пусть воспрянут пути мировых созиданий,
Что бесследно исчезли в планетарной глуши,
Чтоб священные толки
                бессмертных преданий
Отразились благим посвященьем души.

СТРАННИК

Предавшись размышленьям вволю
Над изначалием основ,
Ты брел по ветреному полю,
Не замечая городов.

Вселенский мытарь странствий вечных!
В плену бескрайнего пути,
Среди скитаний бесконечных
Тебе приюта не найти.

Дай Бог в судьбе не обмануться
И, не свернув на полпути,
Лишь на мгновенье оглянуться
На жизнь земную и уйти
Затем, чтоб заново вернуться!

* * *

Снимая плотскую одежду
С души измаянной своей,
Я оставляю лишь надежду
На милость лучезарных дней.
В полифонии Мирозданья
С неповторимостью ладов
Я озареньем подсознанья
Слагаю вязь Господних слов.
Духовным противостояньем
Отождествив вселенский вид,
Преображаю созиданьем
Модель божественной судьбы.
Великий жизненный изгнанник
Потенциалов Бытия,
Я вечный одинокий странник
Мегасистемного житья.
И лишь раскинувшись безбрежно
Глубинами астральных мер,
Сияет космос безмятежно
Пульсациями ноосфер,
Где в благодати Мирозданья
Гармонией вселенских строф
Пылают светом созиданья
Иллюзии моих миров.

ПРЕДСТОЯНИЕ

Дух блаженною силой взовьется
В осознании истинной веры,
Видя то, как священно несется
Время новой космической эры.

Лучезарным аккордом эфира
Пролетают чредою мгновенья,
Провидением вещего мира
Выражая свои откровенья.

Проявив животворные страсти,
Наполняя мечтами сознанье,
Венценосностью светлого счастья
Озаряется Мирозданье.

…Уникальной стезей сокровенной
Благодати священного слога,
Воспаряя в глубины Вселенной,
Постигаю могущество Бога.

ЛИК ВЕЧНОСТИ

В духовных недрах созиданья,
Где скрыты тысячи имен,
Хранятся лики Мирозданья
Преображением времен.

Расступитесь, таинства веков,
Перед проникновенностью сознанья,
Чтоб силой исторических основ
Открылась многоликость Мирозданья.

Где спорили воинствующий Рим
И венценосная былинная Эллада,
Сияет памяти священный нимб
Благословеньем жизненного лада.

Звучит тембральность мрачных фонов,
Отождествляя погребальный вид,
Где облики всевластных фараонов
Блуждают в построеньях пирамид.

Здесь созидание вселенской мыслью
Являет неустанный оптимизм,
Чтоб планомерностью Божественного смысла
Над смертью восторжествовала Жизнь.

Здесь верят, любят, яро ненавидят,
И ясным проницательным умом
Господь людскую душу четко видит
В противоречиях добра со злом.

Здесь роковая участь царских тронов
Всесильным беснованием толпы,
Венцы терновые, изящные короны,
Бессмертья пьедесталы и позорные столбы.

Здесь возникает вечная проблема
Вселенских истин у возвышенных людей,
Что грезят вновь утерянным Эдемом
В величии божественных идей.

Здесь каждой роли даны временные сроки,
И, глядя вдаль, в животворящей мгле,
Измаяно вникают смертные пророки
В бессмертие законов на Земле.

Здесь время благодатью созиданья
Торопит свой неумолимый бег,
Где сохраняются премудрые преданья
О первообразах людей, явивших грех.

Здесь жертвуют, возносят, дерзко судят,
Вручая сталь цепей и лавр венков,
И перипетиями миллиардов судеб
Являет время вечный ход веков.

Здесь разрушают, мыслью созидают
И за кумиром следует кумир,
А поколения духовно воздвигают
На прахе жизни возрожденный мир.

Здесь воцаряются вселенские законы
В приоритетах галактических таблиц
И вновь рождаются калигулы, наполеоны,
Глядя на мир с коварностью тщеславных лиц.

Здесь планетарные текущие событья
Претерпевают свой фатальный крах,
А с ними — величайшие открытья,
Творившие преображения в веках.

Здесь все протоптано войсками Тамерлана,
Порабощеньем жутким на челе,
Где прах великого батыра — Чингисхана
Покоится в измаянной земле.

Здесь снизошло благословение на Моисея,
Дарящее животворящий свет,
Но управляют миром фарисеи
Плеядами неблаговидных лет.

Здесь воспаряют чувственные грезы
Духовностью мистических основ,
Где небо рассыпает радужные звезды
Многообразием божественных миров.

Здесь сохранились старые амфитеатры
И, выражая революционный цикл,
Неистово штурмуют царские палаты,
Ничтожат храмы и роскошные дворцы.

Здесь истинное посвящение Тибета,
Моаи многоликого Перу,
Господние вселенские заветы,
Месопотамские древнейшие гуру.

Здесь тайны майя, инков и ацтеков,
Изящные строения Шумер,
Могущество Хорезма, благостная Мекка
И жизнь недосягаемых глубинных мер.

Здесь в пирамидах
                  уникальный шифр Вселенной,
Премудростью индусов созданный санскрит,
А в тайных главах Библии священной
Заложен мирозданный манускрипт.

Здесь сохраняют множество реликвий
Ортодоксальными деяниями месс,
Храня мистические знания религий
Неистовой порочности вразрез.

Здесь воспевают подвиг смелого Персея
И Атлантида залегает в толщах вод,
Легендами веков плывет галера Одиссея
И Александр свои баталии ведет.

Глядят на нас с обрушившихся стен
Художников изысканные фрески,
Напоминая живописи всплески
Во времена великих перемен.

Здесь старый демонический оракул
Правителям фатальность предрекал,
Здесь подвиги свои вершил Геракл
И Ахиллес сраженный умирал.

Здесь, под руинами цивилизаций,
Находятся таинственные города
Затерянных, первообразных наций,
Что канули в безвестность навсегда.

Здесь память мирозданной круговерти
Преображает судьбоносные места,
Где сущность проявляется бессмертьем
В спасении блаженного Христа.

В божественном проникновенном свете
Народы будут бесконечно жить,
Чтобы на уникальнейшей планете
Могучим созиданием вершить.

Здесь лик Вселенной величайшим смыслом
Творит преображенья век от века,
Здесь целый мир во власти Человека
И Человек в руках у Жизни!

СЮЖЕТЫ ЖИЗНИ

*Стезей Вселенского глагола
Гласит Божественная Мысль:
Земля – космическая школа,
Где наш экзаменатор — Жизнь.*

ЛЬСТЕЦ

Его слова красноречивым шквалом
Усладно разливаются елеем фраз,
Но долго ли продлится лестный сказ?
Наступит лишь неблаговидный час,
Несущий роковые перемены,
И вы увидите обличие измены:
Он, подлостью души покинув вас,
Другому лебезит с большим запалом,
Как певчий кенар со змеиным жалом.

ЛЖЕЦ

Он прожил низменную жизнь,
Была в нем демоническая сила,
Преображая хитроумный смысл,
Судьба ему удачу приносила.
В изысканности правящей среды
Он принимал решения беспечно
И, заметая грешные следы,
Торжествовал коварной ложью вечно.
Но только смерть его настигла тут,
И он, расставшись с жадною утробой,
Предстал лихой душой на Высший Суд
С порочною обманчивою злобой.
Спасая свой безнравственный удел,
Натурою неистовою клялся!
Он страстно оправдать себя хотел
И Господу уже солгать пытался,
Да просчитался…

ТРУС

Всю жизнь прожил, как заяц, он
Неблаговидною натурой,
Души своей трусливый тон
Скрывая под ничтожной шкурой.
Он избегал мир этот весь,
Душа его — дремучий лес,
Он низменно в пороки влез
И умереть уже собрался,
Да побоялся!

ПРЕДАТЕЛЬСТВО

Предательство — неимоверный грех,
Который действует бесчеловечно,
Являя демонический успех
Немыслимою подлостью извечно.

Когда нагрянет жуткая беда,
Несущая кощунственность измены,
Проявится неистовость вреда,
Волнующая кровь в продажных венах.

«Друг» яростью коварной опьянен,
Но ты об этом не подозреваешь.
Тебя преступно уничтожит он
Лихой душой, что преданной считаешь.

ИЗМЕНЩИЦЕ

Своей кощунственной душой,
Исполненной коварной властью,
Ты поглумилась над судьбой
Измены дьявольскою страстью.

Под идеалом доброты
Скрывая ненависть подложно,
Благословенные мечты
Так опорочила ничтожно.

Подлив мне смертоносный яд,
Свершила подлость самосуда,
Оправдываясь, как Пилат,
Уничтожая, как Иуда!

АЛЧНЫМ

Вы, ухищряясь корыстными мыслями,
Вновь изощряетесь все кривотолками,
Преображаясь блудливыми лисами,
Разбесновавшись коварными волками.

Алчностью жуткою совесть разрушите,
Местью безумною яростно маетесь,
Ведь за копейку — любого удушите,
За полкопейки — бесовски удавитесь.

Жадно сжимаете деньги бумажные,
Переминая стремления дерзкие,
Как окаянные души продажные,
Что сотворяют деяния мерзкие.

Все преступления взятками сгладили?
Жадно, в ознобе: «Финансы на месте ли?»
Сколько сегодня вы сделок уладили?
Скольких кощунственно вы обесчестили?

Скверну свою вы мошной не искупите,
Бедность духовную в душах не спрячете,
В Царстве Небесном вы место не купите
И о судьбе еще горько заплачете.

ВОЗДАЯНИЕ ЛЖИВОМУ

Ничтожны те люди, которые ложью, интригами и корыстью неустанно прорываются во власть, но еще ничтожнее те, которые, видя и осознавая все это, всячески пытаются превозносить их деяния.

Ты беснованиями страсти,
Усердием словесных сил
Коварность сумасбродной власти
Достоинствами наделил.

Преподнося лихой урок,
Лавируешь, как лжесвидетель,
Являя добродетелью порок,
Клеймя пороком добродетель.

Меняясь, как хамелеон,
Финал запутал от начала…
Оправдан деспот, обелен —
Ничтожность восторжествовала!

Возможно, благородностью своей
Правдивость изощрения разрушит,
Когда язык твой, словно страшный змей,
Тебя безмерной лживостью удушит.

НИЗВЕРЖЕННОМУ ТИРАНУ

Еще вчера всевластен был
Всесильем дерзкого величья
И преданный народ губил
Коварной яростью обличья.

Еще вчера, пресытив чувства,
Ты поедал бесплатный хлеб,
Поправ науку и искусство,
Прославив ханжеский вертеп.

Еще вчера тебе казалось,
Что Жизнь сама в твоих руках,
И пред тобою все пласталось,
Питая беспредельный страх.

Еще вчера звенело злато,
Являя власти миражи,
Где беснованию разврата
Вторила сумасбродность лжи.

Еще вчера ты мог любого
Послать на яростную казнь,
Кто силой истинного слова
Являл Божественную связь.

Нахальностью, столь несказанной,
Напыщенностью злых потуг,
Купаясь в изумрудных ваннах,
Считал рабами всех вокруг.

Когда судьба была в загоне,
Являя низменность свою,
Преобладала Ложь в законе,
На Правду ставя западню.

Когда бездомно мерзли люди,
Устав в безвыходности жить,
Тебе несли еду на блюде
Холопы, ставшие служить.

Еще вчера просил пощады
Твой верноподданный народ,
Ну а сегодня — баррикады
Решили жизненный исход.

Оглохший к голосу народа,
Ты слово лживое сказал,
Но слуховые все проходы
Твои пробил ружейный залп.

Теперь повержен ты, тиран!
Ты — прах в подножиях у мира!
Страна, уставшая от ран,
Стряхнула дерзкого кумира!

Умерен сумасбродный пыл,
Конец деяниям положен!
Тот, кто вчера всесильным был,
Сегодня — низменно ничтожен.

Всегда в неистовой борьбе
Свобода кровью достается.
За все, что сделано, тебе
Стократно Богом воздается!

ГРЕШНИК

Ему не бросить грехотворной смуты,
Ведь он натурой — яростный бунтарь,
Его слова коварнее цикуты,
А разум — демонический алтарь.

Он очерняет все лихой порою
И, проклиная, дерзостно круша,
Переполняет плоть на пире с сатаною,
Где бесится ужасная душа.

В его сознании — неистовость упреков,
Его мораль — бессмысленно пуста,
В шальных глазах —
                    безумие пороков,
И на руках его застыла кровь Христа.

Являясь нерадивостью в судьбе,
Он и не думает об очищеньи,
Но, из безмерной жалости к себе,
У Бога просит о прощеньи.

От злодеяния он сгинет,
Неистовым шакалом воя,
Сам для себя усердно роя
Могилу в дьявольской пустыне.

РАБ

Мне в окаянной кутерьме
Влачить свое существованье.
Как в демонической тюрьме,
Идут душевные страданья.

Мой труд стяжает бой плетей,
Я — узник чуждого народа
С неумолимостью идей
Неистового сумасброда.

Умру на пагубной земле,
Ведь неприкаянная доля —
Жить обреченностью во мгле,
Где даже мысль — моя неволя.

ТЕАТР

Везде преобладает свет,
Прекрасно музыка играет,
И зритель пьесу ожидает,
Где лишь таланту слова нет.
Ему поручено молчать
Невежеством лихого мира,
Он — безысходности печать
На томе Вильяма Шекспира.
Ему благословеньем мысли
Смотреть, как сутью перемен
Бездарность сумасбродной жизни
Являют пафосностью сцен.
О век, неистовый эмпир
У величавого искусства,
Ты разрушаешь светлый мир,
Творящий истинные чувства.
Ведь жизнерадостная нота —
В терзаньях лиры и пера,
А мирозданная игра —
Души поденная работа.
Здесь, в многоликом антураже,
Из-за распахнутых кулис
Вам времена и персонажи
Всегда являются «на бис».
Актеры — нищий и король,
Волненье публики послушав,
Играют, изливая душу,
Входя в сценическую роль.
Надев изысканный наряд,

Являют чувственность моментов
Под множество аплодисментов,
Что оглушительно звучат.
Спектакль отыгран, и засим
Иное действие начнется,
Где комик смоет светлый грим
И вдруг расплачется,
            а трагик — улыбнется.
В обычной бытовой манере,
Игре сценической вразрез —
Обнимет Моцарта Сальери
И Пушкина поймет Дантес.
В сценических аксессуарах,
Под их сердец щемящий бой,
Они горюют в кулуарах
Наедине с мирской судьбой,
А Бог глядит проникновенно,
Как за подолами кулис
Невероятно откровенно
Сама себя играет Жизнь.

СТАРЫЙ СКУЛЬПТОР

С порывами проникновенья,
Зажав отточенный резец,
Дерзал измаянный старец
Великолепное творенье.
Всю жизнь скульптуры он ваял,
Являя о судьбе заботу,
Но вот состарился, устал
И взял последнюю работу.
Безмерно тяжело дыша,
Он созерцает изваянье,
Преображение верша,
Оттачивает четко грани.
Он знает: слишком мало лет
Теперь осталось для творенья,
Чтобы его великий след
Ушел в другие поколенья.
И за чертой грядет черта,
Являясь благодатной мыслью
В обожествленьи светлой жизни
Плодом бессмертного труда.

ЧЕЛОВЕКУ

Ты будешь безупречно прав
Неоспоримостью кумира,
Являя сумасбродный нрав
Непререкаемого мира.
Ты будешь верить чудесам,
Творя стремление святое,
Носить величественный сан,
Как злодеяние лихое.
Ты будешь властвовать царями
И плакать нищими у врат,
Сковавшись грешными цепями,
В Раю устраивая ад.
Среди Галактики большой
Чтишь сатанинские законы,
Своей неистовой душой
Являя мрачные каноны.
Ты жаждешь силой убежденья
Миры переиначить сам,
Ведь пагубностью всесвершенья
Так приобщился к небесам.

Бредут, безумием объяты,
Порабощением борьбы,
Лукуллы, цезари, пилаты,
Наполеоны и гальбы.
Ты ссоришься с лихой судьбою,
Творя греховные пути
Разбесновавшейся толпою,
Готовой сжечь и вознести.
С неутомимостью прельщенья

Направился в духовный свет,
Где благодатью посвященья
Проходит Созиданья след.
Ты проявляешь силу мысли,
Но жизнедейственная суть
Гласит, что к осознанью истин
Восходит на крови твой путь.
Ты отступил от вечных правил,
Мир утопив в угарной мгле…
О Человек, что ты оставил
Творцу от Рая на Земле?

КРЕСТОВОЕ

Господней верою в груди,
Духовности блаженной внемля,
С идеей папской впереди
Идем крушить Святую Землю!

ДАМАСК

Полосонул клинок рассвета
По роговицам карих глаз,
И с золотого минарета
Взметнулся утренний намаз.

ОБРЕЧЕННЫЕ

Не позвать Тебя,
          не достучаться
В мирозданные храмы стенаньем своим,
В благодатную грань лучезарного счастья,
У которой разбитой судьбою стоим.
Мы с блаженною верой брели на пределе,
Смерть косила нас,
          гнала лихая беда,
Заметали снегами шальные метели,
И студили отчаянья холода.
Исполняли мы волю послушно,
Обойдя Твой неласковый свет,
Истрепав обречением души,
На земле оставляя Божественный след.
Измотавшись своею последней надеждой,
Мы добрались сегодня в святые места,
Где сияет мечта Мирозданья безбрежно,
Отражая спасенье Иисуса Христа.
Но прогорклой досадой сгорая,
Стаей диких, голодных бездомных зверей
Мы духовно умрем возле самого Рая,
Не дождавшись открытья священных дверей.

ЖИЗНИ

Люби меня, пока я жив,
Когда коварное проклятье
«Благословляет» на распятье
Мой разум, не принявший лжи.

Люби меня за святость слов
И прозябанье одиночеств,
За обреченность вещих снов
С неисполнением пророчеств.

Люби меня среди тщеты
За то, что я натурой замкнут,
За то, что неприступность замков
Сменил на узы нищеты.

Люби меня обожествленно
На мирозданном рубеже
За то, что символ Ориона
Начертан на моей душе.

Люби меня в толпе невежд
За бесконечные лишенья
И углубленность отрешенья
От обреченности надежд.

Ласкай Божественным перстом,
Когда переполняют строфы,
Когда иду я на Голгофу
С твоим сандаловым крестом.

Люби меня на фоне свор
За отверженье униженья,
За то, что таинством сближенья
Равны величье и позор.

Люби отчаянно и вечно
За поэтический устой,
За то, что мудрость бесконечно
Твердит об Истине святой.

Люби меня за то, что вновь
Бреду я путником уставшим,
Теряющим духовно кровь
И Мироздание познавшим.

Люби Божественным союзом,
Когда невыносимо мне,
За то, что радостная Муза
Ютится в дальней стороне.

Люби меня, когда я проклят,
Когда гоним и одинок,
Когда в застенках камер, комнат
Слагаю обреченность строк.

Люби, когда открыты двери
В бескрайность истинных вершин,
За то, что я священно верю,
Являя праведность души.

Люби меня так откровенно,
Являя сладкозвучье лир,
Когда сознанье вдохновенно
Преображает светлый мир.

Люби меня, пока я жив
В телесной порванной рубахе,
Пока я продвигаюсь к плахе
Среди неугомонной лжи.

Убей, но, воскрешая снова,
Увековечь бессмертьем строф
От жизнедейственного Слова
Всевышним созданных миров.

БЕЗДУШНЫМ

Когда-нибудь, в лихом году,
Меня постигнет неизбежность
И я космически уйду
В потустороннюю безбрежность.
Возможно, быт меня убьет,
Перечеркнув своей рукою
Стихи, что ночи напролет
Писал во тьме, назло покою,
Или погибну, несомненно,
По воле рока-палача,
Что уж сжимает убиенно
Эфес разящего меча.
Но принимая эту участь —
Нести благословенный свет,
В скитаньях бесконечных мучаясь,
Я дерзкий изложу памфлет.
Я знаю мир, и можно смело
Мне утверждать, не согрешив:
Я зачастую видел тело
Без явных признаков души.
Бездушье — пагубная сила,
Где торжествует пустота,
Ведущая грехом спесиво
Шальную сущность неспроста.
И пусть растленью подлежат
Людские алчные созданья,
Которых низменный уклад
Преображает Мирозданье,
Являя сумасбродный лад,
Что распаляется сознаньем,

Ведь всяк его прославить рад
Своим неистовым деяньем,
Где в лицемерный маскарад,
Не пожелав устой нарушить,
Грех сотворит кошмарный ад,
Ничтожность проявив наружу,
Представив глупости фасад,
Порочный облачив наряд,
Чтоб злобой уничтожить душу.

ПОГИБШЕМУ ЗА ПРАВДУ

*Мир, объятый блаженной зарею,
Пропитался весенним цветеньем,
Упоенною ранней порою
Прозябая в трагической сени.*

...Он вчера был так светел и молод,
Начиная великое дело,
Но теперь обречения холод
Обвевает почившее тело.
Этот день с безысходною новью
Будет скорбно засыпан венками,
Зацелован притворной любовью
И отпет литургией веками.
Память спросит у всех в укоризне
Погребальной лихой круговерти:
«Так любим был он вами при жизни,
Как возносится здесь, после смерти?
Вы причислите разум к пророкам
И запишите душу в святые,
Ведь сничтожены яростным роком
Устремленья его молодые.
Люди ныне — мишенями в тире,
Где подложная закономерность
Управляет неистово в мире,
Нарушая духовную верность.
Ненасытна ты, подлость, однако,
Создавая фатальность сюжета
На ушедшем от паперти мрака,
Что вознесся частицею света».
И слова в обреченности вечной

Разливаются горькой порою,
Где идут чередой бесконечной
Люди слезно проститься с тобою.
В гуще траурных скопищ народа
Плачет Правда, сжимая иконку:
«Раздарили святую свободу,
Девять грамм запуская вдогонку.
Да, спешил ты на проклятый выстрел,
Что угадан коварностью точно.
Оборвали вселенские мысли
Под лихими покровами ночи.
Вот оно — бездыханное тело,
Коим правил душевный твой лоцман!
Сколько мудрости ясной горело
Лучезарностью добрых эмоций!
Почему молодыми уходят
Те, кто светлую жизнь созидает?
Горе то, что в сердца к нам приходит,
Лишь сильнее объединяет!»

День тяжелою тризною выпит
На отчаянья пагубной ноте.
Тело пулей сразили навылет,
Только душу не сбили в полете.
Он вознесся величием мысли
Из коварного мира земного,
Благодатью Божественных истин
Созидая бессмертие Слова.

ШКАТУЛКА СУДЬБЫ

Есть вещи в сущности великой,
Дарящие священный свет
Незабываемых реликвий
Бесследно пролетевших лет.

Пусть прошлое воскреснет гулко
Благословением идей,
Когда откроется шкатулка
Судьбы неласковой моей.

Она заговорит тайгою,
Окатит волнами морей,
Обнимет ледяной пургою,
Согреет теплотою дней.

В ней — лики наших биографий,
Разлуки, первая любовь,
Улыбки старых фотографий,
Хранящих жизненную новь.

Здесь тайны сокровенных мыслей
Далеких лучезарных дней,
Писавших чувственные письма
Святой влюбленности моей.

Здесь прошлое в миру дарящем
Дает о будущем ответ,
Мерцая в светлом настоящем
Плеядами ушедших лет.

ПРОШЛОМУ

Давай-ка помянем, сумбурное прошлое,
Все яростным горем коварно испитое,
Убрав от достойного пагубно-ложное,
И напрочь отвергнем судьбою разбитое.

Давай поменяем сегодня названия
Заснеженных улиц. С надежд адресами
Войдем беспрепятственно в старые здания
Возвышенным соло, любви голосами.

Давай все сердца, что измаяны чувствами,
Взрастая прозреньем сквозь счастья проталины,
Изымем из списков трагической устари,
Явив времена, что блаженством раздарены.

Забудем ушедшие беды с обидами,
Уняв обуяние злыми тревогами,
Чтоб больше не полниться скорбными видами
И не скитаться лихими дорогами!

ПУТИ ПОЗНАНИЯ

Тем, кем навечно избраны
Страны в чужой дали:
Лишь ощущается издали
Сущность родной земли.

Зимнею ночью темною,
Видя тоскливые сны,
Мы узнаем огромную
Силу обычной весны.

Каждой душевною мукою,
Что прорастает в крови,
Мы познаем разлукою
Цену святой любви.

Будничной круговертью,
Строящей реализм,
Только при встрече со смертью
Мы понимаем Жизнь.

Но все же стараемся долго
Жить, чтоб, безмерно любя,
Сердцем поняв другого,
Вдруг обрести себя.

ИСХОД

Являясь отрешеньем змей
И мировым полетом птицы,
Неутомимостью своей
Я рушу Бытия границы.
В божественном сияньи звезд
Весь небосвод мечтой усеяв,
Излившись благодатью грез,
Реальность мыслью пересеяв,
Став виртуальностью святой,
Идеи мантию накинув,
Промчусь я силою благой,
Творенье взорами окинув.
В пространстве, Истине открытом,
Я появлюсь метеоритом,
Об Землю, тайнами покрытый,
Ударюсь, славой позабыт,
И в полумраке Мирозданья
Мое вселенское дыханье
Благословеньем созиданья
Неоспоримо озарит
Природу вещего созданья
И просветив людей сознанье,
Закончив дерзкое призванье,
Не заслужив себе признанья,
В духовном пламени сгорит.

НАСЛЕДИЕ

Мы все уйдем, оставив след
Творенья и миров обломки,
Чтобы в обличиях вселенских лет
Нас узнавали вмиг потомки.
Вся жизненная круговерть
Проявится благословенной мыслью,
Которая уничтожает смерть
Всесильем истинного смысла.
Пусть озарением скитается в веках
Моей души космическая лира,
Как вдохновение у Времени в руках
И духа благодать в объятьях мира!
Я поцелую в горькие уста
Свою мечту благоговеньем слога
Пред тем, как кануть в дальние места —
К небесным храмам истинного Бога.
Но оставляю вам судьбы своей портрет,
Где воспаряют мирозданным смыслом
Мираж святой любви в пустыне жизни
И обреченья силуэт.

***

Когда-нибудь лихое время
Промчится злобными веками
И жизнедейственное бремя
Закончит властвовать над нами.

Мы непременно канем в Лету,
Перемешаемся с песками,
И рок контрастную планету
Обнимет жуткими руками.

Благословением творенья
Являя мировые были,
Возникнут снова поколенья,
Не зная, что мы пережили.

… Структуризацией священной,
Процессами преображенья,
Тенденциями разрушенья
Земная память тоже тленна.

МОНОЛОГ ЗЕРКАЛА

Ты укорять меня не смей
За то, что я всегда умело
На светлой плоскости своей
Объемно размещаю тело.

Я создано, чтоб обличать
Бесчисленные недостатки,
Ведь вы на ложь чрезмерно падки,
А правду любите скрывать.

Я не способно обмануть,
Творя безликое — прекрасным,
Являя жизненную суть
Психологическим контрастом.

Я не умею сладко льстить,
Преображая виртуальность,
За что вы можете разбить
Меня, презрев свою реальность.

Пребудет справедливость с нами
Величьем мудрого чутья,
Пока сияет зеркалами
Святая правда Бытия.

ЗЕРКАЛО

Всесильем жизненного кода,
Как тайный мировой портал,
Универсальность перехода
В метафизический астрал.

МОНОЛОГ ВРЕМЕНИ

То, чем наполнен весь эфир
Метафизической Вселенной:
От атомов до черных дыр —
В моей иллюзии священной.
Мелькают в звездной красоте
Благословенные мгновенья,
Даря святые откровенья
Высоконравственной мечте.
Величием идей зовущих,
В плеядах мирозданных лет,
Я стало мудростью живущих,
Преображая Тьму и Свет.
Душа, тенденцией своей
Меняя жизненные фоны,
Являет логику вещей,

Мои превознося законы.
Многообразием творенья
Произрастает шар земной,
Запечатляя час рожденья
И миг ухода в мир иной.
Земля летит в руках моих,
Осваивая бесконечность,
Отождествляя светлый миг,
Являющий святую Вечность.
Все проходящие века
Неумолимо в Лету канут.
Жизнь терпеливо ждет, пока
Они вершить не перестанут.
Среди Божественного дня,
Творя деяния благие,
Народы познают меня
Через системы мировые.
Планета быстро возрастает
Структуризацией своей,
Ведь тороплю я жить людей,
Которые мечтой взлетают.
Всему назначено упасть
Туда, где теребит могилы
Моя таинственная власть
Незримой всемогущей силы.
Святые тайны Мирозданья
Всем неподвластно разгадать —
Как всеохватностью сознанья
Непостижимое понять?
Величием духовной меры
Соединяю все, дабы
Преображать эпохи, эры
Неповторимостью судьбы.

Ведь я — начало и конец
Планет, вождей, кумиров, наций,
Рассвет и крах цивилизаций,
Биенье жаждущих сердец!
Я — ежедневный смех и плач
Стезей крушенья и созданья,
Духовный лекарь и палач
Многообразья Мирозданья.
Разгадка тайн всесильем мысли,
Глубинами святого смысла,
Величье лучезарных истин
В безбрежном океане Жизни!

* * *

Приветствую святое счастье!
Пока духовностью пою,
Благословенное причастье
Наполнит нравственность мою.
Дождливую, сырую осень,
Весны лазурную вуаль
Душевно, чувственно обносим,
Изведав радость и печаль.
Уняв извечные тревоги,
Пленившие житейский ход,
Уйдем в блаженные дороги,
Забыв буяние невзгод.
Оставив страждущей надежде
Повитый мыслями эфир,
Победу в праздничной одежде,
Любовь души и грешный мир,
Где неприглядными часами
Начнется пагубный антракт,
Провозгласивший небесами,
Что с Жизнью завершен контракт.
Чтоб, канув в Лету без возврата,
Как мартовский последний снег,
Узнать, как непомерна плата
За счастье, радость и успех.
Творя величия благие,
Здесь Время в календарный год
Вращает стрелки часовые,
Ускорив мирозданный ход,
Являя во вселенском тоне
Созвездья, ветер, облака,
Судьбу на линиях ладони,

Любовь, мгновенья и века,
И даже то, что сутью дела
Взрастает благостью вершин:
Материю земли — для тела,
И море неба — для души.

СЧАСТЬЕ ВЕЧНОСТИ

Что в Вечности зовется Счастьем?
Блаженства лучезарный свет
Иль век, нетронутый ненастьем,
Плеядами священных лет?

А может — это лик гармоний
Духовных сладкозвучных строф
В многообразии симфоний
Всевышним созданных миров?

Возможно, это нимб сознанья,
Когда, божественно любя,
Ты созидаешь Мирозданье,
Преобразившее тебя,

Когда, идеей окрыленный,
С неповторимостью мечты,
Ты, благодатью вдохновленный,
Творишь шедевры красоты.

Всесильем истинного слога
Являя светлый идеал,
Ты счастлив, если мысли Бога
Благословенно оправдал!

ДУХОВНАЯ МОЗАИКА

Есть вещи, что соизмеримы
С проникновенною мечтою,
Столетьями неотразимы
Великолепной красотою.

Есть уникальная возможность
Творить благим потенциалом,
Поспешность есть и осторожность
Высоконравственным началом.

Есть лучезарность откровений —
Святым Писанием в душе,
Благословеньем посвящений
На мирозданном рубеже.

Есть светоч вдохновенной мысли
Неповторимостью идей,
Всесилие блаженной жизни
И беснование смертей.

Есть таинства Вселенской меры
Преображенностью своей,
Добро — божественностью Веры,
И зло — безумием царей.

Есть знанья, что вручают людям,
Молитвы — связью с небесами,
Грядущее, где мы пребудем,
Исполненные чудесами.

Есть логика земного смысла
И безрассудности лицо,
Молчанье гениальных мыслей
И выражения глупцов.

Есть чувства — вдохновенной новью,
Палитра, кисть, перо и лира —
Надеждой, Верой и Любовью
Великих созиданий мира.

ПРОТИВОРЕЧИВОСТЬ

Все, что творит вселенский смысл
В противоречии двояком,
Давно преображает жизнь
Алгоритмическим порядком.

Теряя счет разумным ликам
И беснованиям сердец,
Бытуем в малом и великом,
Связав начало и конец.

Мы движемся прогрессом дальше,
Порыв духовный совершив,
Не ощущая йоту фальши,
Построив или сокрушив.

Мудрец, глупец и светлый гений
В чередованиях веков
Живут от щедрых поздравлений
До завершающих венков.

Закрыв ли очи от мучений
Или смотря на сонм красот,
Бытуем горечью падений
И вдохновением высот.

Мир двойственен и неутешен,
Творя житейские пути:
От безысходного «я грешен» —
До покаянного «прости».

Ничтожным жизнь вручает льготы,
Достойным — свод тяжелых лет,
Являя истинные ноты
Меж черно-белым «да» и «нет».

Великим — тяжкие страданья,
Глупцам — святую благодать.
Одним — Вселенское сознанье,
Вторым — безумием буять.

Но искренним дано любить
Все то, что создано ученьем,
И мир Божественный явить
Поверьем или отреченьем,
Чтобы не горько было жить
И свет покинуть с облегченьем.

ОСОЗНАНИЕ

Опять беру у Жизни в долг
Обожествленные мгновенья,
Явив святые откровенья
Свободомыслящих эпох.
В благословенном посвященьи
Создам сакральною мечтой
Все то, что взято вдохновеньем,
Всеутверждающей судьбой,
Непостижимостью метафор
В бессилии коварных стуж,
Где прозябает лунный фарфор
Глубинами застывших луж,
Где искренность с блаженной страстью
Является святым признаньем
И март с отчаянною властью
Изнемогает ожиданьем,
Когда все в мире переменно,
Чтобы сентябрьским ясным днем
Душа взметнулась незабвенно,
Сжигая осени огнем
Весны святую скоротечность
В надежде той, что мы поймем,
Как коротка бывает Вечность.

ЛАГЕРНАЯ ЭЛЕГИЯ

Когда таинственная ночь
Преобразится в полумраке,
Я попытаюсь превозмочь
Печаль в прокуренном бараке.

Достану старую тетрадь,
С реальностью лихою споря,
Чтобы душевно излагать
Безмерность пагубного горя.

Ложится чувственная вязь
На пожелтевший лист бумаги,
Где создается, торопясь,
Элегия про спящий лагерь.

Я, как художник, при Луне
Пишу вселенские сюжеты,
В которых проявились мне
Трагические трафареты.

И только с миром остальным
Я разделен бетонной гранью —
Той, за которой свет незрим,
И не дай Бог попасть другим
Сюда, где лиц унылый грим
И жизнь подобна выживанью.

СМЕРТНИК

Весенний дождь, наполнив ночь,
Досадно выплакав обиду,
Не смог теперь уже помочь
Твою отсрочить панихиду.

Печаль, коварною грядой,
С неумолимым обреченьем,
Упившись жуткою бедой,
Прошла немыслимым мученьем.

Вся боль произросла слезою,
Как очистительной грозою,
Унылой раннею порою
У жизненных закрытых врат,
Где за бетонною стеною,
Пьянящей чувственной весною,
Является рассвет зарею,
Врезаясь в камерный квадрат.

А время бешено летит
Фатальным жизненным мгновеньем,
Своим последним откровеньем
Являя безысходный вид.

И жуткий пагубный озноб
Коварно пробивает лоб,
Но нужно продержаться, чтоб,
Стать обреченно наготове,
Когда, пройдя сполна рубеж
Телесных высохших одежд,

Смерть, погасив огни надежд,
Жизнь оборвет на полуслове.

И будет неутешна мать,
Ей сына больше не обнять
И покаянно не принять
Чистосердечное признанье.
Финальным эпилогом драм,
Засовами тюремных брам
Итожат путь лихим делам:
За преступленье — наказанье.

ТЮРЕМНЫЙ САМОУБИЙЦА

Безмолвные квадраты стен,
Теснящие твою обитель,
Где неприкаянности тень —
Ежеминутный посетитель.

В тюремный горестный приют,
Под ограниченные своды,
Приходят мысли и дают
Благоговение свободы.

В оковах тягостного сна,
Среди безумного проклятья,
Тебя хватает тишина
В свои бетонные объятья.

Но дальше стен тебе нельзя,
И изнывают в покаяньи
Твои последние друзья:
Надежда, вера, ожиданье.

Сквозь зарешеченную твердь,
Что пропиталась волей пылкой,
К тебе заглядывает смерть
С обезображенной улыбкой.

Летальным жизненным итогом
Деянье жуткое верша,
Сполна виновная пред Богом
Отсюда вылетит душа.

Протяжно так завоет ветер,
Неистово не возлюбя,
Твой самый страшный грех на свете —
Проклятье самого себя.

ПАДШИЙ АНГЕЛ

Опять, в паническом бреду,
Мне будут постоянно сниться
Преображения в аду
И демонические лица.

На мир с коварностью я посягнул,
Будь трижды проклято
                пороков наважденье!
Нутро горит и мышцы сжатых скул
Недвижимо застыли в напряженьи.

Как полыхает пламя подо мной!
Добавь же, сатана,
                зловещей страсти!
Сжигай меня гиеною шальной,
Являя пагубность тщеславьем власти.

Ушел остаток светлых сил,
Чтобы терпеть немыслимые муки.
Добавь мне жару, дьявол, не гаси
Огня своей неистовой науки.

Ах, если б возродить стезю добра —
Тогда бы воссиял мечтою разум
Там, где пороки жадного нутра
Мой дух облили низменною грязью.

Я, как неистовый плебей,
Которому безумье оборвало крылья,
И самый жалкий из ползучих змей,
Страдающих от злобного бессилья.

Да, мне не дотянуться до небес,
Произнося духовную тираду,
Когда из преисподней призывает бес
Гасить благословенную лампаду.

Я ежедневно слышал слово «Верь!»,
Чтоб почитать реликвии святые,
Но злодеянья, как стоглавый зверь,
Передушили благости земные.

За что я проклят — знаю сам,
Блуждая в лоне сумрачного страха,
Отвергнув землю, презирая небеса
Среди остывшего сырого праха.

И чувствами угасшими дыша,
Забыв по неустанное отмщенье,
Моя многострадальная душа
Вымаливает светлое прощенье.

ПОСЛЕДНЯЯ ОСЕНЬ

Обними меня сумрачно, осень благая,
Поделившись своей бесприютной тоской,
Ведь приход золотисто-багряного рая
Заколочен навек гробовою доской.

Ты да я — нас осталось сегодня лишь двое
В безысходности старообрядных осин…
Завтра лютые вьюги коварно завоют
Панихиду по бесприданной Руси.

Протянув пустоте обнаженные ветви
Мокрых грабов в прощально-унылой молве,
Полуночным, пропитанным горечью ветром
Пробегись отрешенно по прелой листве.

Мироздания неумолимая мера
Нас оставит сегодня в забытой глуши,
Где скитается молча священная вера
Лучезарной моей непокорной души.

Одинокой, благоволящей звездою
Умирающих грез в обреченности снов
Мы помолимся тайно ночною порою
О прощении наших великих грехов.

Ты, священной душою к Творцу воспаряя,
Неотступным предсмертным терзаньем своим,
В серой мантии туч неустанно стеная,
Смой навеки прекрасный сценический грим.

Но не плачь безутешной истерикой боли
Над лихим наваждением злых перемен —
Отыграли мы вещие судьбы, как роли
Временных и пространственных
                          жизненных сцен.

И не силься в отчаянье горькое падать,
Догорев теплотою душевных огней,
Пусть тебя осенит мирозданная память
Пролетающим клином надежд-журавлей.

Изувечена тайно лихими словами,
Безысходностью светлых божественных грез,
Жизнь, ты ныне благими мечтами
Утони в полыхании траурных роз!

Видишь — это прощальный наш танец
Ритуальным обрядом в ажурных венках,
Где игривая буря багряный румянец
Натирает усердно на бледных щеках.

Старый сумрачный клен в золотистой порфире,
С обреченностью чувств в обездоленной мгле —
Это все, что останется в сумрачном мире
После нас на остывшей от горя земле.

Понимаю, что мы здесь — мгновенные гости,
Где приходит Творенью фатальный черед.
Старый ворон взметнулся крестом на погосте,
Осеняя знамением вещий исход.

Только ныне оставим плохие приметы,
Вытри слезы дождей с неба сумрачных глаз,
Ведь с тобой мы сегодня духовно бессмертны
Уходящим мгновеньем единственный раз.

* * *

Я победил в лихой войне,
Где вы бесчеловечно лгали
И вдохновение сжигали
В кощунства яростном огне.
Я победил в войне идей,
Где натерпелся унижений,
Изгнаний, бедственных лишений
От низконравственных людей.
Преобразившийся дотла
Вселенским жизненным союзом,
Я разрубил Гордиев узел
Коварного, шального зла.
Да, в нескончаемой войне,
Среди безумий отчужденных,
Я выиграл, но все же мне
Спасти хотелось побежденных.

РАЗЛУКА

Фатальность жизненного срока
Немыслимых душевных мук,
Зачем ты повеленьем рока
Вплетаешься в сердечный стук?
Когда я отчужден страною
Своею творческой душой,
Ты к мирозданному изгою
Приходишь млечною порой.
Приносишь стонущие зимы,
Где обреченье суждено,
Ведь мы с тобою — неделимы
И безысходны — заодно.
Явилась сумрачная полночь
Среди измаянной тиши,
Где льется пагубная горечь
Из неприкаянной души.
...Седые волосы расчешешь,
Боль перельешь в судьбе пустой,
Всплакнешь тихонько и утешишь
Благословенною мечтой.

ГРОБОВЩИК НАДЕЖД

О гробовщик моих надежд,
Куда еще талант применишь?
Хоть истрепался лик одежд,
А ты гробы усердно делаешь.
Их создаешь умело впрок,
Тебе они ночами снятся,
Но изрекаю не в упрек:
Возможно, скоро пригодятся.
Невероятно повезло
Тебе на яростную ноту,
Ведь сколько будет живо Зло —
Найдется черная работа.
Не силься, Вечностью дыша,
Являть немыслимые муки,
Когда в занозах вся душа
Да в мозолях больные руки.
Неутомимостью велик,
Сквозь умирающие грезы
Взираешь на Вселенский лик,
Считая гаснущие звезды.
В своем паническом бреду
Все обмеряешь боковины,
Как Микеланджело в аду,
Среди безвыходной рутины.
Во вдохновении святом
Так утруждаешься поточно,
Что даже в зеркале кривом
Себя не видишь полуночно.
Дай Боже, глупо не пропасть
В контрастном Бытии поспешно,

Отвергнув жизненную страсть,
От обреченья, неутешно.
Творишь намеренно назло,
Хоть больше нет работать мочи,
Ведь гробовое ремесло —
Усердием прогорклой ночи.
Ты преднамеренно обжил
Стремленья пагубною силою
И мастерскую обложил
Осиновою древесиною.
Порвется жизненная нить
От «навсегда», но только прежде
Ты дашь трагически почить
Последней горестной надежде.
Являя жизненный урок,
Не говоришь о настоящем,
И помогает злобный рок
Тебе во времени летящем.
Ты знаешь истину святую
Великой всемогущей веры,
Что победит печаль земную
Всесильем праведной манеры.
Ты созерцаешь в укоризне
Из стен душевного чертога,
Глубинами духовной жизни
Со вздохом вспоминая Бога.
Являешь нравственность свою:
Вовек усердием не падать,
Как в обездоленном краю,
Фатально изменяя память.
Твори без продыху и сна,
Чтобы тебя не обесславили,
И только не моя вина,

Что злобой чувства обезглавили.
Не веришь светлым чудесам,
Блюдя греховные законы?
Но вспомни, как усердно сам
Писал церковные иконы!
Измаялся избытком дел?
Являя пагубный набросок,
Там ждет гора почивших тел
И штабеля дубовых досок.
Своим прискорбным ремеслом,
В неблаговидной круговерти,
Ты обуян безмерным злом,
Отождествляя силу смерти.
От жуткой грехотворной порчи
Угасли страстные огни,
Ведь знаешь ты, как стынут ночи
И плачут безысходно дни.
Ты видишь горестные сцены,
Где обреченная душа
Сквозь безысходность
               бьется в стены
И смотрит, тяжело дыша.
Испей иллюзии до дна,
Явив коварные проклятья,
Но, может, не твоя вина,
В том, что готовишь мне распятье.
Пусть предназначено судьбой
Мое изгнание отныне,
Но лишь бы рядом не с тобой
И не с Иудой на осине.
Ты для меня — коварный нож,
И злобою разгоряченною
Скорей фатальностью ничтожь

Души надежду обреченную!
А ты глядишь с избытком чувств,
С лихой ухмылкой-укоризной,
Ведь знаешь, что я расплачусь
С тобою однозначно — Жизнью!

ПРОЩАЛЬНОЕ

Горе грохочет раскатами неба,
Ливень кровавый по щекам течет.
Я так наелся духовного хлеба,
Что дикой изжогою сердце печет.

Я так напился космических мыслей
В этом неистовом жутком аду,
Что утратил гармонию вещего смысла,
Прозябая в плачевном кошмарном бреду.

Я душою гнездился в Божественном Духе,
Заставлявшем меня созиданьем гореть,
Скорбно живя во Вселенской прорухе,
Жизнь презирая, приветствуя смерть.

Я потерял всех друзей и любимых,
Рьяно нажив миллионы врагов,
Ради иллюзий, духовностью мнимых,
Дарящих мне лучезарность стихов.

Вот я: бездомный, голодный и нищий,
Что прославлял благонравственный мир,
Тенью бреду по лихим пепелищам,
Жутко взывая на целый эфир.

Счастье сбежало, осталось лишь горе,
Вера исчезла, надежда ушла.
Я проиграл в укоризненном споре —
Слишком неравною сила была.

Все уничтожено! Нет меня больше!
Прахом почила Твоя доброта!
Так умирать ведь немыслимо проще,
Если в сознаньи исчезла мечта.

Ненависть душу проклятьем съедает,
Дух уничтожив до самых основ,
Глядя, как злоба коварно сжигает
Светлые темы насущных трудов.

Зло воссияло зарею кровавой
И утонуло в неистовой лжи,
Где я гонялся за призрачной славой,
Жадно хватая идей миражи.

Я ухожу из кошмарного мира,
Всем напоследок оставив сюжет,
С яростью чувств в благодати эфира,
От обреченности творческих жертв.

Вечность поэзии в будничной прозе
Вам изливает отчаянья яд,
Где кощунственной смертью
                   в раскрывшейся розе
Затаилась коварной измены змея.

Я не выдержал этих безумных мучений!
Дух убили, сничтожив терзаньями плоть,
Благодатью Вселенских своих отречений
Восходил я к Тебе, всемогущий Господь!

Ты вручил мне миров непосильную ношу,
Чтоб ее я своим созиданьем тащил,
Но измаян безверьем, надеждою брошен,
Про меня Ты, Всевышний, навеки забыл!

Сумасбродством беды я упился убого.
Хватит! Закончен Судьбы маскарад!
Полюбуйся с небес, как из «рая земного»,
Я спускаюсь душой в огнедышащий ад!

ПОСЛЕДНЯЯ ПРОСЬБА

Приблизится финал моих скитаний,
Когда приду к Тебе —
               Всевышний мой Отец,
Как раб сознанья, исполин изгнаний,
Вселенских строф отверженный творец.

Мои страданья — светлою любовью,
Слезами и терзаниями муз
Всю жизнь роднились с мирозданной новью,
Не заключая с доморедством бренных уз.

Космическим священным созиданьем
В дыханьях ночи и благого дня
Я сотворял великие деянья
Без скудного жилища и огня.

Я возжелал последнего свиданья,
Когда в артериях похолодеет кровь
И кончатся бессчетные скитанья
Премудрых мыслей, что дает любовь.

Вселенная в сотворчестве всецелом,
Святые строфы искренне даря,
Взирала, как я жил духовным делом,
Божественною силою горя.

Во всех противоречиях природа
Являла вехи исторических веков
Изменчивым понятием души народа,
Кострами жуткими и лаврами венков.

Тяжелую всю жизнь
            я не напрасно
Критерием логической игры
Преображал вселенские контрасты,
В мечтах воздвигнув светлые миры.

Я выражал с проникновенностью умело
Все то, что покрывала вечных таинств мгла,
Все, что мое прочувствовало тело,
И то, что лишь моя душа постичь смогла.

Ведь я не от тщеславия зависел
Судьбой высоконравственной своей,
Живя свершениями ясных мыслей
В счастливом созидании вселенских дней.

Всесилие святого вдохновенья,
Что наполняет мир, как вешняя вода,
Создав моим сознанием творенья,
Отождествит бессмертье навсегда.

Мы все бредем своей толпой угрюмой
С потерей наших благодатных сил,
Являл мрачно тягостные думы
У древних и заброшенных могил.

Фатальностью прискорбного мгновенья,
Где завершаем мы возвышенно гореть,
Прошу:
        Господь, дай мне благословенье —
К Тебе душой творящею взлететь!

НАПОСЛЕДОК

Я ухожу. Пришел мой срок
Итожить слезы и улыбки
И мудростью вселенских строк
Исправить дерзкие ошибки.
Я вдохновением создал
Свои творения поспешно
И так немыслимо устал
Бродить по миру безутешно.
Как неприятно за судьбу
И обреченно от обиды
Взирать в сиреневом гробу
Ошеломляющие виды.
Ведь времена фатальных цифр
Грядущее уничтожают,
Глядя, как подлые глупцы
Поэмы светлые сжигают.
И из обугленных страниц
Струится жуткая прохлада
От всех измаявшихся лиц,
Живущих в кулуарах ада.
Земля, ты на прощанье дай
Увидеть то, что сердцу лестней:
Последний клин осенних стай
Небесной лебединой песней,
Где Богу ревностно-послушно
Несут мечты в седых веках
Мою разорванную душу
На изувеченных руках.

РЕКВИЕМ

И вот, когда мой прах к могиле принесут,
Где будет завывать отчаянная осень,
Я перед тем, как вознестись на Высший Суд,
Взгляну на мир в последний раз
                           сквозь неба проседь.

Когда закончится житейский круг
Всевластием благословенных истин,
Я наконец узнаю, кто же враг был, а кто — друг,
Кто лжив и льстив,
                   а кто — душою чист и искренен.

Пусть отзвучат по мне последние слова
Наигранной тирадой почитанья,
Где изольется многоликая молва
Благоговеньем запоздалого признанья.

Целуйте напоследок мертвеца!
При жизни не могли, знать, в кулуарах смерти
Вы ощутите жесткость огрубевшего лица,
Все — грешные, святые, ангелы и черти!

Да, я теперь холодный, как земля,
Боль мира злобою скипелась в полых венах,
И этот жуткий день, забвение суля,
Сбежит за горизонт в неистовых изменах.

Поплачьте, чтобы полегчало вам,
Порадуйтесь, хмельно злословя над могилой,
Взирая, что окончен век моим большим делам
На жуткой родине — немыслимо постылой.

Где жил я, как отверженный изгой,
Где обречением держали мысль в границах,
Я благородною, свободною душой
Запечатлял миры в контрастных лицах.

Но, верите, я все прощаю, ведь
Устроен мир необычайно мудро,
Чтобы поэтам был ничтожный срок гореть
Твореньями в Божественное Утро.

Вся наша жизнь —
    вселенская игра,
Проявленная в благодатной силе,
Где Богом зажигаются огни добра,
Чтоб вы их равнодушием гасили.

Пусть литургию вдохновенно пропоют
Тысячелетия ушедшими веками
И осень мой неласковый приют
Осыплет разноцветными венками.

Да, я, впервые укротив бунтарский гнев,
Сейчас лежу смиренно и послушно
Под страждущий молитвенный напев
Церквей с блаженной силой добродушной.

Положите мне в изголовье янтарный закат,
А к ногам — многоликого мира рассветы,
Чтобы я был в последний раз жизнью объят
Перед тем, как уйти в благодатную Лету.

Неистовствуй, презренная страна,
Разлив злорадства яростные реки,
Глядя на то, что я испит тобой до дна,
На то, что наконец смогла сомкнуть изгою веки.

Да, для того, кто должен был страдать
Отверженной душою во глубинке,
Ты ныне проявляешь благодать,
Заказывая пышные поминки.

Сничтожила меня твоя судьба
Коварной демоническою силой
За то, что никогда я не ходил в рабах
Среди реальности, немыслимо постылой.

Но перед тем, как тело поглотит земля
Безвыходностью в пагубную небыль,
Пусть изнывающе прильнет к нему Заря
И разрыдается Божественное небо.

Пусть набожно проплачут журавли
Прощальный стих величественной воли,
Летя свободою в разверзнутой дали
Над краем злобы, обречения и боли.

Пусть все надежды, светлые мечты
Закружатся прощальною порою
И, выбросив из гроба вялые цветы,
Жизнь телом расквитается с Землею.

И вот, когда свершится жуткий ритуал,
И перекреститесь виновно вы пред небосводом,
Я помолюсь о том,
             чтобы никто из вас не знал,
КАК СТРАШНО БЫТЬ ОТВЕРЖЕННЫМ
                     СВОИМ НАРОДОМ!

* * *

Наполняясь Божественной новью,
Что в сознании проявилась,
Я с духовной священной любовью
Созиданием жизненным вырос.

Одолев вековое смятенье
Неустанно несущихся мыслей,
Я являю свое откровенье
Изложением вещего смысла.

На сей мир, где реальность с мечтою
Не находят совместно дорогу,
Я Вселенской рассветной порою
Открываю глаза понемногу.

После долгой, томительной ночи
Наступает души пробужденье,
Где все дальше от дьявольской порчи
Продолжаю свое восхожденье,

Чтоб в духовной, осмысленной мере,
Пережив роковое ненастье,
Распахнуть судьбоносные двери,
За которыми кроется Счастье.

* * *

Опять грешишь, коварный век,
Чтобы божественной идеей
Я не смыкал духовных век,
Терпя безмерные потери.

Ох, мирозданная тропа,
Исхоженная вся смертями,
Где изощряется Судьба
Беды коварными сетями.

А я зажгу свою свечу,
Познав Вселенной бесконечность,
Душой бескрайность охвачу,
Чтоб в Слове воплотилась Вечность.

* * *

Когда уйду, пусть памятником станет
Не монумент, не светлый обелиск,
А память, что в умах людей оставит
Духовным ликом творческую жизнь.

Когда уйду, пусть сущность безвременья
Не подытожит дней моих печаль
И пагубность коварного забвенья
Не отразит фатальную печать.

Когда уйду, пусть мысли бесконечность
Не угасает Истиной в веках
И все творенья благостная Вечность
Несет священно в праведных руках.

ПОСЛЕДНИЙ

Я иду по измаянной горем земле
Обреченностью стынущих просек,
И не видно конца демонической мгле,
Где буяет угрюмая осень.

Я последний из тех, кто остался в миру
После жутких боев и пожарищ
Одиноким бойцом в чумовую пору,
Где лишь ветер — мой верный товарищ.

Я навеки уйду из кощунственной тьмы
Долгожданной стезей посвященья,
Взяв у Жизни святого бессмертья взаймы,
А у Бога — любви и прощенья.

* * *

Я иду неприкаянным вором,
Где уныло молчат соловьи
И охрипший картавящий ворон
Отпевает поминки мои.

Ненасытно тщеславному трону
Дьявол жертву опять принесет,
Чтоб сменили святую корону
На изгнание и эшафот.

Я сбегу от коварной погони,
Бесполезны лихие труды.
Вороные вселенские кони
Вмиг доскачут до вещей звезды.

Я уйду, крест житейский несите
Все земные благие пути
И в веках справедливо решите:
Проклясть или же вознести.

* * *

Так расходятся в горе,
    когда слишком поздно
Прокричат обреченной порой журавли
И глаголят блаженным сознанием звезды
О бессмертии в миротворящей дали.

Так исчезнут миры, и священная млечность
Нарисует Вселенский пустынный пейзаж,
Где душевное эхо, пронзив бесконечность,
Разгоняет несбыточных снов
      вдохновенный мираж.

ОСЕННИЙ ДУЭТ

На танцплощадке старенького парка,
Где завершился бархатный сезон,
Стояла обаятельная пара:
Она — певица и скрипач-маэстро — он.

Закончились привычные гастроли,
Дарившие проникновенный смысл,
Теперь судьба им новые раздала роли
В театре мира под названьем «Жизнь».

Был тихий вечер, и вокруг пространно
Туманным очертаньем растворялась даль,
И в обуяньи осени багряной
Царила мирозданная печаль.

Они стояли, ей завороженны,
Благоговенье чувствуя молчком,
Но вдруг маэстро, музой вдохновленный,
Взял инструмент и сделал взмах смычком.

Ну а певица, явно ожидая
С волнением вступленья своего,
Вмиг встрепенулась, духом оживая,
Как ангела святое волшебство.

Застыло сумрачное Мирозданье,
Дыхание пристрастно затаив,
Когда, как первое душевное признанье,
Вдруг зазвучал Божественный мотив.

На сцене увядающего сквера,
Освободившись от тоски тяжелых пут,
В них на мгновение воскресла вера
В счастливый жизнерадостный дебют.

А осень, в свете лучезарной мысли,
Туманной россыпью усеяв тротуар,
Роняла золото прекрасных листьев
Артистам в черно-бархатный футляр.

Они горели силою искусства,
Где быть другими им вовеки не дано,
Как два священно вдохновенных чувства,
Навек соединившихся в одно.

ДЕТСКИЙ ДОМ-ИНТЕРНАТ

Умыты жаркими слезами,
Они который год подряд
Проникновенными глазами
Надежды с миром говорят.

Одной сиротскою семьею
Всегда беседуют с людьми,
Пытаясь обрести душою
Благоговение любви.

Многообразной красотою,
На попечительстве тщеты,
Жизнь отражает пустотою
Их обреченные мечты.

Взлетая в звездные палаты
Сознаньем в полуночной мгле,
Из списков радости изъяты,
Живут печалью на земле.

Нелепым жизненным подлогом,
Среди космической дали,
Столь обреченными пред Богом
Они в жестокий мир пришли.

Лишь ночь магически сияет,
Явив священное лицо,
Когда Господь их обнимает
Благоговеющим Отцом.

Чтоб стало им немного легче
В судьбою выстраданный час,
Ручонки тянут к первым встречным:
«Возьмите поскорее нас!»

Неутомимыми истцами,
Потугами духовных сил,
Взывают детскими сердцами:
«Найдитесь те, кто нас родил!»

Где светит жизненная рампа,
Услышишь: «Ты меня нашел!
Я ждал тебя, любимый папа,
И наконец-то ты пришел!»

Они живут терзаньем мысли
С несчастья пагубной руки,
Как захудалые ростки
На мирозданном поле жизни.

ИСПОВЕДЬ

Я взираю с надеждой упрямо
Сквозь пургу и рыдающий дождь:
Где же ты, ненаглядная мама,
Почему ты ко мне не идешь?

Может, ты тяжело заболела
И совсем одиноко лежишь?
Сколько времени уж пролетело,
А ты все безответно молчишь.

Я с мечтой о родительском доме
Застываю в морозном окне,
И его нарисую в альбоме —
Образ тот, что привиделся мне.

Я уверен, что счастье находит
Всех, кто переживает беду,
И хоть вера бесследно уходит,
Я тебя с обречением жду.

Ты печаль в осознании спрячешь,
Мимолетно явившись во сне,
Скажешь «помню» и горько заплачешь,
Прикоснувшись губами ко мне.

Я гляжу с немотой выраженья
На тот мир, где защиту искал,
Где ютятся твои отраженья
Глубиною душевных зеркал.

Одиночества стонущий ветер
Завывает, тоскою трубя.
Никакие заботы на свете
Никогда не заменят тебя.

Никакая еда и игрушки
Не восполнят утрату любви,
Расписные в постелях подушки
Не смягчат истязанья мои.

Вероятно, в божественном свете,
Создавая домашний уют,
Подрастают счастливые дети,
Что родительской лаской живут.

Я смотрю неприкаянно в небыль
Немотою отверженных лет:
Отзовись, равнодушное небо!
Улыбнись, бесприютный рассвет!

Но, возможно, откроются двери
В детский мир обреченной мечты
И сквозь годы надежд и безверья
Долгожданно появишься ты.

Из судьбы все невзгоды изгонишь,
Как вошедший в реальность мираж,
Беды все навсегда отсторонишь
И меня никому не отдашь.

Все мгновения жизни припомнишь
В обречении страждущих дней,
Теплотою душевной наполнишь,
Согревая любовью своей.

Благодатью сердечной объяты,
Лики счастья воспрянут во мгле,
Навсегда из ненастья изъяты,
Расцветая добром на земле.

А в душе безысходность упрямо
Изнывает, мечты теребя:
Отзовись, моя милая мама!
Как же мне не хватает тебя!

СИРОТА

Я тебя так искал незабвенно
Среди тысяч идущих людей,
Мир пытаясь познать сокровенно
Обреченной душою своей.

В море глаз равнодушных прохожих
Я единственный взгляд не нашел.
Сколько всех, безразличьем похожих, —
Тех, кто мимо спешаще прошел.

Я бреду с коркой черствого хлеба
По земле неизменно лихой,
Глядя с детской мечтою на небо
Бесприютной своею судьбой,

Где сияют щемящие грезы,
Проявляя космический слог...
Для меня, сироты, эти звезды —
Образ маминых глаз, в коих Бог.

ДОМ ПРЕСТАРЕЛЫХ

Здесь лик отчаянья, общением забытый,
Являет относительный уют,
Где тщательно
            от посторонних глаз сокрытый,
Стоит убогий старческий приют.

Живущий одинокими сердцами,
Находится от мира в стороне,
С чужими матерями и отцами,
Что явно по сыновней здесь вине.

Здесь каждый боль прольет своей душою,
Где дотлевает горькая беда,
Рассказывая, как тяжелою судьбою
Приводят в отреченьи их сюда.

За нищенской чертою прозябанья
Их согревает благодатный свет
В предсмертном тесном зале ожиданья,
Где каждому отведено
            немного скудных лет.

В отчаяньи трагических потерь
Они не помышляют о грядущем,
Ведь в сути преходящего теперь
Куда спешить за временем бегущим?

Так бесполезно ждать весны
В скупом краю, где изнывает осень,
И по ночам лихие снятся сны,
В которых плачут
                    и забрать их просят.

Безвыходность отверженной среды
За гранью обреченного безверья…
Они — засохшие разлукою деревья,
Наследья потерявшие плоды.

И здесь преображения не будет
Глубинами отверженной души.
Беспомощные немощные люди,
Судьбой сведенные
                    на жизненный отшиб!

ОСЕНЬ

Где ворон, панихидно каркая,
Глаголил горестные речи,
Бродила осень, ветром шаркая,
Согнув березовые плечи.
Над всем остывшим, скоротечным,
Задворками продрогших улиц
Брела в наряде подвенечном,
От холода слегка сутулясь.
Плывя тягучей лунной желчью
По лужам скверов опустевших,
Роняла слезы ливней молча
На стекла окон запотевших.
Бежала, непомерно звонко
Вторя заветные слова,
Еще вчерашняя девчонка,
А ныне — старая вдова.
Духовной силою святою
Являя призрачные сны,
Теплила прелою душою
Воспоминания весны.
Брела по городам, деревням
Стезею жизненных рутин,
Цепляясь за стволы деревьев
Фатою мокрых паутин.
Собрав истлевшие пожитки
Отчаяньем промозглых дней,
Брела с щемящею ужимкой
Плеядами светотеней.
Как суженая без приданья,
Которой совесть дорога,

Направилась в свое изгнанье —
Непримирима и нага...
Ей бы укрыться мрачной тенью
Среди промокших подворотен,
Отдав дождливому смятенью
Судьбу в житейском переплете.
Но нет затишного чертога
Ей в этот вечер отбуявший,
Лишь мирозданная дорога
Сияет в призрачной тиши,
Где плачет небо по листве опавшей
Вселенской вечностью святой души.

ЦВЕТАМ

Теперь, засохшие цветы,
Валяетесь вы под ногами,
Ведь ныне скорбно поругали
Великолепье красоты.

Прошел ваш венценосный час,
Явивший сладостные были,
И все влюбленные про вас
Уже намеренно забыли.

Вы вянете, лишь вас сорви,
Ваш срок земной недолговечен,
Но добродетельно увенчан
Мгновеньем пламенной любви.

ФИНАЛЬНАЯ МИНУТА

Так Вечностью уходит осень
С проникновенностью речей
И светлою душою просит
О снисхождении ночей.
Так исчезают быль и небыль,
Оставив беды позади,
Так синее чернеет небо
И начинаются дожди.
Так юность дерзкою манерой
Проводит буйные года
И свет любви священной верой
Исчезнет в мире навсегда.
Так в круговерти листопада
Сникают вешние мечты,
Деревья брошенного сада
Теряют образ красоты.
Так старость подмигнет кому-то
Усталостью опухших век
И канет горькая минута,
Закончив человечий век.

* * *

Издревле споры земляне ведут,
За поколеньями — поколенья,
Как избежать демонических пут
Тени забвенья?

Ищут, внемля неземным голосам,
Истинным толкам,
Вверив надежду Вселенским часам
Мизером срока.

Жаждут бальзамы бессмертья найти,
Но безуспешно.
Краткие слишком людские пути,
И все в них — грешно.

Преобразится вселенская мысль
В благостном свете,
Отождествляя Божественный смысл
Лика Бессмертья.

* * *

Прискорбен облик светлых грез,
Когда любовь печаль приносит
И Прошлое в потоках слез
Судьбу о милостыне просит.
Оно, логически явив
Миротворящие границы,
В священной памяти архив
Слагает мудрости страницы.
Искусством вечного труда
Божественного естества
В душе остались навсегда
Познанья светлые слова.
Поняв их изначальный смысл,
Отвергнув низменную ложь,
Являя праведную жизнь,
Святую Истину найдешь.

АПОКРИФ ДУШИ

Отложили мечту в черный ящик —
До фатального эпилога,
Безысходностью в настоящем,
Всемогущими мыслями Бога.

Над руинами светлого мира
Нарастают забвенья громады,
Где в глубинах благого эфира
Туч зловещих несутся армады.

Затянулось проклятием небо,
Накатили отчаянья волны,
Значит, нива духовного хлеба
Безрассудностью зла будет полна.

Жала страшные вновь обнажили
Полоумные в яростных битвах,
Беспросветною мглой обложили
Созидание в светлых молитвах.

Горе пагубное — бесконечно,
Счастье дышит едва, умирая.
В лоно ада низвержен навечно
Прорицатель священного Рая.

Может быть, лучезарным прощеньем
Мне Вселенский Творец отзовется,
И душа, проходя очищенье,
Светом мысли к Нему вознесется.

Только в Слове — Божественном Хлебе,
Воспаряя с надеждой святою,
Духом Жизни на сумрачном небе
Засияю блаженной звездою.

* * *

В потоке времени спешащем
Летит событий череда,
Где посвящение дарящим,
Открыта Вечность навсегда.
Когда вселенская пора
Проявит благодатный выход
В эпоху совести молчащей,
Узнаем: Прошлое — наш вывод
О жизни, прожитой вчера,
Лишь исходя из настоящей,
А Настоящее вновь — тайна,
Что неподкупна и свята,
Как истинная красота
В истоке мира всемогущем.
Знать, остается нам питать
Свое сознание Грядущим,
Которое зовут — Мечта.

АЛЛЕГОРИЯ

Надоевший кощунственным лицам
Отрицаньем телесных темниц,
Иногда я завидую птицам,
Что не знают пространства границ.

Мирозданным критерием смысла
Созидание опыт дает.
Птицы счастья — вселенские мысли,
Продолжайте свободный полет!

Поднимаясь к святому чертогу,
Воспаряйте в космической мгле,
Словно души, что тянутся к Богу,
Хоть телами привиты к земле.

ЭЛЕГИЯ

Сегодня жизнь уже не та,
Что много лет назад, когда-то
Витала в радостных мечтах,
Благоговением объята.
Теперь ее пытливость глаз
Взирает явно по-другому,
Познав земную мудрость фраз
На той дороге, что из дома
Меня фатально привела
На демоническую плаху,
Где подлость,
        к пагубному краху,
Топор над шеей занесла.
Но волей истинного счастья,
Явив душевное участье
Там, где буяла злая мгла,
Студеной зимнею порою,
С Господней верою святою,
Бесстрашно жертвуя собою,
Лишь мама вновь меня спасла.

Уж нет коварности острожной,
Что с хитроумностью подложной
Убила яростью ничтожной
Великолепье чистоты
И, злодеяния итожа,
Вручила жизни бездорожью
Обледеневшее подножье
Несостоявшейся мечты.

Один Господь — всему судья!
Нелепы горькие обиды,
И стоит вспоминать ли виды,
Где мается душа моя?

Мечтою воспаряя ввысь,
Питаясь вдохновеньем свыше,
Я знаю, как мудра ты, Жизнь,
Когда святой свободой дышишь.
Я так хочу тебя понять,
Творя с надеждою святою,
Душой Вселенную объять
И, просто, Жизнь — побыть тобою!
Ты запредельностью Луны
Услышь меня и не молчи,
Пусть ветерок тебе весенний
Дохнет теплом моей свечи,
Повитой полуночной сенью,
Где, словно призрачные сны
Среди звенящей тишины,
Я разрушаю посвященьем
Порабощенье сатаны.

ОТШЕЛЬНИК

Благообразьем посвященья
Наполнив мудростью себя,
Ты жил законом всепрощенья,
Священно веря и любя.
Созвучием духовных лир,
Благословением сознанья
Преображал контрастный мир
В многообразьи созиданья.
Вселенской сутью вдохновенья
Являя вещий монолог,
Ты жил всесилием творенья,
Как в человечьем лике Бог.

ГОЛОСА СТЕПЕЙ

Разъяренностью волчицы
Ревностно приди,
Провиденьем кобылицы
Беды упреди.

Небо засияет выше,
Тайнами маня,
Прегрешения залижут
Языки огня.

Лунный образ первозданный
Отражает кость,
Прилетает долгожданный
Полуночный гость.

Будут властные шаманы
Заклинанья выть
И голодные шакалы
Хоровод водить.

Бесконечностью видений
В мириадах грез
Светятся вселенской сенью
Миллиарды звезд.

Благородному устою
Мир преображать,
Отрешенностью святою
Будни коротать...

ВЕДЬМА

Коварная колдунья,
Как дьявольская дочь,
Просила полнолунье
В Вальпургиеву ночь.

Лихие заклинанья
Произнесла она,
Кошмарные преданья,
Испитые сполна.

Переплетала горе
Магическая нить
В невидимом узоре,
Желанием убить.

Готовились коренья,
Гадючья чешуя,
Болотные соленья —
Неимоверный яд.

Нечистых призывала
Отчаянно она,
Припадочно орала,
Как будто сатана

В нее сейчас вселился
Неистовой стезей,
Всевластием излился
Коварностью лихой.

Уныло завывала
На стонущий эфир,
Безумно проклинала
Благословенный мир.

Старинные рецепты
Грехотворящих сил —
Разлучные зацепки
Из пагубных могил:

«Пусть никогда любимый
К любимой не придет,
Оказией ранимой
Дороги не найдет.

Чтоб ненависть лихая
Немедленно пришла,
Блаженство истребляя
Неистовостью зла».

Измаялась безумьем
В неумолимый день,
Проклятием беззубым,
Как сумрачная тень.

Глаголила несчастьем,
Коварною вдовой,
Паническим ненастьем
Измены роковой.

Неистовая сила,
Поруганная честь.
Всесилием лепила
Кармическую месть.

Вплетая конский волос
В запутанную прядь,
Образовался голос,
Который все сломать

Велел лихим сужденьем,
Стезею роковой,
Где светлое рожденье
Зачеркнуто рукой.

Кощунственные игры,
Сбесившийся азарт...
Прокалывали иглы
Бессонные глаза.

Шептала заклинанья,
Отождествляя рок,
Коварностью преданья
Определяя срок.

Хрипел могильный ворон
В промотанную ночь,
Где полоумным хором
Сбегали звуки прочь.

Магическая сила
Неистового зла
Отчаянно просила
Петельного узла,

Который бы навечно
Надежду удушил,
Обвившись бесконечно
Всевластиями сил.

Неумолимо буря
Влетала через дверь,
Паническою дурью
Беснуясь, словно зверь.

Неистово орала
Гиеною лихой,
Безумно истекала
Кошмарною слюной.

Ужасные химеры
Кружились во дворе,
Прозрачностью манеры
Сгорая на заре.

Немыслимостью страсти
Глаголила она,
От сатанинской власти
Насыщена сполна.

Коварная потуга
Произносила слог,
Где прорывалась вьюга
В магический чертог.

Измаялись виденья
В потусторонней мгле
Безмерным отчужденьем
На страждущей земле.

Магическая сила,
Явив лихой азарт,
Проклятия гласила
Гаданиями карт.

Произрастала в свете,
Как яростный огонь.
Стонал бесовский ветер,
Как полоумный конь.

Всесилием разгула,
Стезею роковой
Пурга деревья гнула
Под сатанинский вой.

Безумием дышала
Измаянная ночь,
Но было злобы мало,
Чтоб Вечность превозмочь.

И было так ужасно,
Ведь дьявольский чертог
Отверг навеки властно
Вселенную, где Бог

Проникновенно видит
Деяния людей,
Которых не обидит
Духовностью Своей,

Божественное счастье
Которым завещал
И злобное ненастье
Развеять обещал.

Жила сиюминутным
Видением своим,
Неистовою смутой,
Деянием лихим.

Безумием молила
В шальную круговерть,
Немыслимая сила
Отождествляла смерть.

Сакральные владенья,
Коварностью дыша,
Творила провиденьем
Безбожная душа.

Пристрастно колдовала,
Беспамятство несла,
Хотя осознавала:
Не вечны силы зла.

Ей было одиноко
В измаянной душе
Всевластиями рока
На вечном рубеже.

Магическая млечность
Не заставляла ждать,
Мгновение на Вечность
Желая поменять.

Коварность наполняла
Божественный эфир,
Где ведьма создавала
Свой сатанинский мир.

ЗАКАТ

Раскрыв великолепный зонт
Над мирозданными плечами,
Он озаряет горизонт
Животворящими лучами.

Сей благоденственный алтарь
Аккорд финальный произносит,
Душевную развеяв хмарь ,
Проникновенный день уносит.

Как долгожданный эпилог
Всех жизнедейственных свершений,
Граничит он дневной итог
С вечерним ликом вдохновений.

В благословенную пору
Преобразится в мире этом,
Чтобы явиться поутру
Неподражаемым Рассветом.

ЛУНА И СОЛНЦЕ

Во времени, чей бег столь жуток
И вся гармония видна,
Владенья календарных суток
Межуют Солнце и Луна.

Они преображают мысли
Потенциалами веков,
Благоговениями жизни
Высоконравственных основ.

Величием Вселенской меры
Все злато, серебро огней
Являет в свете атмосферы
Неповторимость наших дней.

В своих пределах обитает
Их динамический полет,
Друг другу место уступают,
Определяя свой черед.

Они вручают грезы ясно
В духовной жизненной дали
Многообразию контрастов
Теологической Земли.

Летят окружностью владений,
Рождая лучезарный свет,
Чтобы плеяды поколений
Преображались сотни лет.

Они, как путники в степи,
Среди Божественной дилеммы —
Неподражаемой системы
Космологической цепи.

ГОРНЫЕ МОТИВЫ

Солнце горестно садится
    В жизненную сень,
Воспевают звонко птицы
    Уходящий день.
Косами спадают реки
    С островерхих гор,
Где останется навеки
    Тайный уговор:
«Лучезарно вдохновенным
    Духом Слова жить,
Чтобы ангелом блаженным
    В небо воспарить.
Класть причастные поклоны
    Вер на алтари,
Сотворив мечты-иконы
    Красками Зари.
Жить с Божественною Метой
    На святом челе,
Чтоб сиять Вселенским Светом
    На седой Земле.
Посвящением гнездиться
    В звездных небесах,
Отрешением ютиться
    У Любви в глазах.
Покаяниями мира
    Бога вопрошать,
Жизнерадостностью Лиры
    Души воскрешать.
Быть стихом духовной воли
    И печаль забыть,

Полуночным ветром в поле
    Травы теребить.
Стать богатым властелином
    Дали голубой
Или нищим исполином
    С тягостной судьбой.
Домоседством ублажаться
    С яством на столе,
Обреченностью скитаться
    По чужой земле.
Пить снега лазурным небом
    Из высоких гор,
Уходить из Были в Небыль,
    Как огнем костер.
В благодати многоликой
    Жить блаженством лет,
Чтобы мудростью великой
    Наполнялся свет».
Мирозданные палаты
    Я строфой вознес,
Став сознанием богатым,
    Как казною Крез.
Ноют мысленные струны
    Памяти моей,
Теребит рука Фортуны
    Вереницу дней.
Благоденствием союза,
    Духом на челе —
Жизнерадостная Муза
    На святой Земле.
Возвышаются над миром
    Горы-алтари,
Упоенные эфирным

Светочем Зари.
В бесконечности вопросов
Сущности святой
Вдохновляется философ
Вещею звездой.
Чистота обетованья
Жизненных чудес
Полыхает млечной ранью
Искоркой небес.
Набожны необычайно
Разумом своим,
Благодать священной Тайны
Чувственно храним.
И глас Истины послушав,
Вечность обретем,
Проявляясь в светлых душах
Творческим огнем.

* * *

Нас посвящение ведет
В духовный Храм, что Верой сложен,
Где образы благословенных нот,
В которых смысл Божественный заложен.
Там звезд прекрасных хороводы
В астральных отблесках Зари,
Высоконравственные своды,
Галактик чудо-алтари.
Там ангелы акафисты поют
И Дух нам путь магический укажет,
Где мы отыщем чувственный приют,
А Бог святую милость всем окажет.
...Вселенский свет космической зари
Проявится глубинами Европы,
Зажгя в душе благие алтари,
Чтоб указать спасительные тропы.

СМЕРТЬ МАЭСТРО

Он умирал, сжимая скрипку
В онемевающих перстах,
Являя скорбную улыбку
На холодеющих устах.

Преображаясь, Мирозданье
Творило жизненный итог,
Где обреченное сознанье
Читало мрачный эпилог.

Он обнимал ее — подругу,
Прижав слабеющим плечом,
И, сделав тяжкую потугу,
Поднял оброненный смычек.

«Одной тебе я мог поверить
Любовью творческих вершин
И вдохновением доверить
Все откровения души.

Ты для меня всецело стала
Благословенною судьбой
Животворящего хорала
Вселенской музыки святой».

Он изливался светлой мыслью,
Глядя сознаньем в никуда,
Своею гениальной жизнью
Прощаясь с нею навсегда.

Печально музыка звучала,
Распространяясь так светло.
Смерть зачаровано стояла,
И Время молча замерло.

Но лишь закончилась соната —
Душа взметнулась в облака,
Когда, бессилием объята,
Упала на постель рука.

Божественный вселенский сумрак
Порвал серебряную нить.
Маэстро обреченно умер,
Но музыка осталась жить.

БОЖЕСТВЕННЫЙ ГОЛОС

Пусть воспаряет вдохновенно
Сопрано, удивляя слух,
Преобладая сокровенно,
Как лучезарный Божий Дух.

Благословениями мира,
Вселенской истиной дыша,
Звучит октавами эфира
Преображенная душа.

И чудотворные мгновенья
Возносят венценосный слог,
Когда проникновенный Бог
Являет арию Творенья.

ПОЖЕЛАНИЕ

Святое вдохновение
На светлом рубеже,
Божественное пение
В космической душе.

Вселенскими контрастами
Написанный пролог,
Где жизненными красками
Преобладает Бог.

Восторженные возгласы
Блаженного лица
Невероятным голосом
Обворожат сердца,

Чтобы всегда заветное
Деяние вершить
В божественно рассветное
Сияние души.

СТРЕМЛЕНИЕ

В иллюминациях эфира,
Великолепьем красоты,
Являлись созиданьем мира
Неотразимые мечты.

Звезда! Божественно гори
Преображеньем резонанса
И Мирозданию дари
Святую силу ренессанса.

Я кану в Лету навсегда
Из суетливой круговерти,
Где животворная среда
Подарит вечное бессмертье.

Пусть светоч лучезарных звезд
Откроет тайники Вселенной,
Чтоб я летел стезями грез
По бесконечности блаженной.

Я вникну в жизненную суть,
Добро божественное сея,
Пройдя неутомимо путь
Благословенной одиссеи.

ДУХОВНАЯ ПЕКТОРАЛЬ

Преобразовывая звезды
Благоволением идей,
Бог мир универсальный создал
С прообразом своих детей.

Но те, пытливостью сознанья,
В космическую круговерть,
Насытились плодом Познанья
И обрели лихую смерть.

Среди Вселенского Чертога
Умом бескрайность не объять,
И смертные родили Бога
Затем, чтобы его распять.

Так мирозданная проблема
Земного мрачного житья
Явила вечную дилемму
В противоборстве Бытия.

ПЕРЕД КОНЦОМ

От безысходности, злосчастно,
Не рвется жизненная нить,
Ведь обречению не властно
Дух посвящения убить.

Грядут Божественные сроки
Миротворением в веках,
Чтоб сатанинские пороки
Рассыпались в ничтожный прах.

Гноятся чувственные раны
От демонических слогов,
Как будто злобные титаны
Восстали супротив богов.

* * *

Я снял осаду с городов,
Не сотворив итог летальный.
Произнеся тирады слов,
Я покидаю берег дальний.

За весла, славные гребцы,
Ведь вы немыслимо богаты,
И ратоборские рубцы
Оплатятся достойным златом.

Стремление души благое
Звучанием вселенских струн,
Явив деяние святое,
Вмиг отрезвит коварный ум…

* * *

Бесцельно прожитые годы,
Которые Творцом даны,
Клеймим влечением свободы
Своей отчаянной вины.

Довольны мы своею ролью,
Где неуемностью борьбы
Вручаем право своеволью
Непререкаемой судьбы.

И радостное очищенье
Даровано Всевышним нам
Как благодатное прощенье
Всем демоническим делам.

ВЕЧНОСТЬ СПУСТЯ

Деяния моей судьбы
Немногословны перед роком,
Как жизнь, дающаяся сроком
Познать, творцы мы иль рабы.

Преображаясь в доброте
Благословеньем созиданья,
Мы движемся к святой мечте
Проникновенностью сознанья.

Идей бессмертных мастера,
Всесильем гениальных мыслей
Мы ждем, когда придет пора
Явить непогрешимость смысла.

Но краток мир в делах своих,
И мы, осмыслив безупречность,
Поймем, что завершился миг,
Отождествивший нашу Вечность.

ПУТЬ

С началом осознанной жизни,
Являя вселенскую суть,
Я вещим божественным смыслом
Проторил космический путь.
Я утром апрельским родился,
Удвоив количество мук,
Веленьем судьбы появился,
Извлекшись зацепками рук.
Мелькают и сверху, и снизу
Врачей утомленных глаза,
Которые выпишут визу
На жизнь, что горька, как слеза.
Родился я в муках, упорно
Высокой октавой крича,
И брал верх над всеми, бесспорно,
Пеленки мочив сгоряча.
Снимают анализом пробу
С натуры пришедшей моей.
Не зря я покинул утробу,
Измаявшись досыта в ней!
Реальностью новой явили
Неведомо светлую мысль
И вдаль по теченью пустили:
«Плыви, но за маму держись».
Меня впопыхах спеленали,
От холода вмиг сберегли,
Фамилию с именем дали
И этим на жизнь обрекли.

Я рвался из тесных пеленок,
Чрезмерно сжимавших меня,
Да вот не хватало силенок
Покинуть их с первого дня.
Не ладил пока я с речами
Среди непривычных рутин
И был недоволен врачами,
Создавшими мне карантин.
…Пришел день
        торжественно светлый,
Который насыщен и чист,
И нас полосою рассветной
Помчал утомленный таксист.
Реальности я удивился,
Глядя сквозь прозрачный эфир,
Подумав: «Откуда явился
Такой удивительный мир?»
В своей красоте бирюзовой
Открылся божественно он
Той жизнью загадочно-новой,
Что грезилась мне, словно сон.
…Брело время тайной стезею,
Ночами не спала родня,
И всей добродушной семьею
Пытались понянчить меня.
Заботы усердия стоили,
Ведь сумрачно было тогда,
Когда эру новую строили
В безмерно лихие года.
Я слышал с отчаянной силою
Проклятья житейской молвы.

Не знал я тогда, люди милые,
Что вы несомненно правы.
Я тихо лежал и в молчании
Был явно согласен со всем,
И в тайном душевном желании
Не чаял болезненных тем.
Но вечные тяжкие горести,
Осадком на жизненном дне,
Среди ежедневной суровости
Копились годами во мне.
...Я рос, невзирая на трудности,
Плененный созвучием лир,
И был устремлен до абсурдности
Познать окружающий мир.
Играл во дворе я с мальчишками,
С девчонкой красивой дружил,
Мечтал, очарованный книжками,
И тайной своей дорожил.
Гоняли ватагой веселою
Ребята застойной поры,
Никак не отучены школою
От жизненной светлой игры.
Ретивым, шальным поколением
Росли мы свободно тогда.
Бывало, с лихим откровением,
До крови дрались иногда.
Предавшись веселой беспечности,
Не слушались мать и отца,
И нашему детству, как Вечности,
Казалось, не будет конца...
Но время прошло скоротечностью,

Забрав разбитные года,
И то, что казалось нам Вечностью,
Теперь унеслось навсегда.
Страна беспросветно измучала,
Поправ благородную честь,
Веления рока озвучила,
Дав Книгу Познанья прочесть.
Идут по аллеям прохожие,
Потупив свой сумрачный взгляд,
На наших мальчишек похожие —
На тех бесшабашных ребят.
Исполнены жизненной мрачности,
В морщинах лицо и уже
Изрядно прибавилось алчности
В разъеденной злобой душе.
Кто скромно одет,
    кто — в обновах весь,
Кто, кланяясь культу вещей,
Пройдет мимо,
    не поздоровавшись,
А кто — не узнает вообще.
Уж стала солидною дамою
Девчонка, с которой дружил,
Закончилась чувственной драмою
Мечта, для которой я жил.
Гляжу с сожалением в прошлое,
Листая былые года:
Какие вы все непохожие
На тех, что резвились тогда.
Немного ведь времени минуло
С тех пор, как дошли до того,
Что счастье нас всех не покинуло —
Мы дерзко прогнали его.

Но я благодарен Всевышнему,
Кристальною совестью чист,
За то, что нет жажды к излишнему,
И то, что я идеалист
В стране, где живем поселенцами
С души запертыми дверьми,
Придя в Мирозданье младенцами,
Чтоб стать в лихолетьях зверьми!

ДИАЛОГ С ПРОШЛЫМ

Прошлое, ты зачем явилось против воли,
Сумасбродным наваждением в шальную ночь,
Принеся обилие душевной боли —
Той, которую не в силах превозмочь?
Хорошо, останься на секунду,
Выражая жизненный глагол…
Да не смотри так, что повсюду скудно
Оттого, что в Настоящем я душевно гол.
Помнишь, Прошлое…

Прошлое:

Постой, дай хоть раздеться…

Я:

Как пролетели бесследно года!
Где же мое беззаботное детство —
Радужных далей святая звезда?

Прошлое:

Да, твои благодатные речи
Произносились счастливым лицом,
Где зажигали духовные свечи
Бабушки, дедушка, мама с отцом.

Я:

А что потом?

Прошлое:

Дерзкая юность —
Светлое время великих надежд!

Я :

Прошлое, плохо тебе?

Прошлое:

Поперхнулось...
Вспомнило ярость коварных невежд.
Знаешь, как тягостно всем безвремение
Определяет Созданьем отпущенный срок?

Я :

Что призадумалось?

Прошлое:

Это житейское наваждение
Тебе преподало плачевный урок.

Я :

Прошлое, помнишь свет первой любви,
Теплоту ее нег?
На душе горячо...

Прошлое:

А затем — обречения снег,
Чувства в крови, да посиневшие губы
                                        железо печет.
Так было изначальным смыслом,
Но только в Книге Жизни
Сюжетов не нарушу...

Я :

Не рви на части душу!

Прошлое:

Хорошего так было мало.

Я:

А если жизнь пройти сначала?

Прошлое:

Проснулась совесть?
Отшельничай, с судьбою ссорясь!

Я:

Пройти опять с тобой дорогами
По тюрьмам, плахам и эшафотам,
С юродивыми да убогими,
Теряя кровь, умываясь слезами и потом?
Помнишь желаний священную дрожь…?

Прошлое:

Знаешь, как в детстве вам первая ложь
Разум пленяет…?

Я:

Да, так бывает…
Сделай мне встречу с двадцатилетием,
Оберегая сознанье от пагубных уз,
Не ругаясь лихим междометием,
Освобождаясь от великогрешных обуз.
Прошлое, я, увы, не нашел вечных истин
В нерадивой судьбы подворотнях…
Знаешь, я сегодня с тобой буду искренен,
И не подливай мне больше в вино
                        зелий приворотных.
Лучше окати меня серыми слезными ливнями
И пролей свет надежд
                на мою слишком раннюю проседь.
Ох, как расплывчаты стали теперь твои линии
И унылей печаль горем выжженных просек.

Я всегда был неистово волен,
И ветреной была моя буйная голова,
Но вдоволь сыт жизнью, которой доволен
Так, что запеклись кровью на губах
       злые слова.
Благодатно исполни свои покаяния
Там, где думы судьбу пересматривают
И подолгу угасшие страсти былые желания
В утешении всей душой восстанавливают.
Не смотри на меня из трущобных обломков,
Попросив повторить все сначала.
Нет, не будет в твой адрес
     плачевных нелепых упреков,
Ведь судьба нас с тобой навсегда повенчала.

Прошлое:

Повсеместно лихие нюансы
Призывают сознанье к ответу.

Я:

Бунтовские этапы неласковых станций
Вспоминают трагедии жуткое лето.
Поистине, благодаря твоим наукам
Мы все бытуем в настоящем...

Прошлое:

Брось это великое хождение по мукам,
Оставаясь душой в светлом детстве звенящем!

Я:

Ты удивительно постарело,
Изучая мирозданные Вселенские законы.

Прошлое:

А ты воспаряешь иллюзиями смело,
Глядя на древние иконы.
Явно, жизнь имеет свою закономерность
Для духовно растущего естества,
Когда твои чувства, являя блаженную верность,
Изрекают Божественной правды святые слова.

Я:

Я давно погасил поминальные свечи,
Напрочь забыв все твои имена.
Давай же в этот упоительный вечер
Отвергнем поруганных чувств времена.
Ты моей душой до конца не прочитано
И не осмыслено в жизненной скоротечности —
Там, где реквием скорбный звучит для нас,
Отражая святое величие Вечности.
Не смотри ныне с ревностью смело,
Читая свои мировые каноны,
Являя страстями порочное тело
Перед обликом роскошной примадонны.
Мысли счастья блаженно парят,
Мироздание обвораживают,
И плеяды надежд, как души егеря,
Благодатные паростки чувств
                    неустанно обхаживают.
Не гляди полуночно из млечности,
Не терзай мою душу, вторя заклинания,
Ведь все мы сегодня — заложники Вечности,
Хранящие страстные воспоминания.
Пусть уже не ликуют безумьем трибуны,
Диким хохотом яростно вновь разразясь.

Разорвало мне горе
                душевные тонкие струны
И забросило их в сатанинскую грязь.
Только не делай мечты-бутафории,
Где у светлого Рая блаженство клянется,
Ведь так усладны бывают твои лжеэйфории
В переполненных страстью
                              душевных колодцах.
Обреченьем судьбы дух немыслимо выжат
В этот пагубный, миром отверженный час,
И житейскою горечью тягостно дышит,
Да обыгран величьем трагедии в тысячный раз.
Уничтожен я злобой твоей многократно,
Да распят беснованием дикой толпы.

Прошлое:

Но сегодня я образ души благодатно
Отражаю в поэме Вселенской судьбы.

Я:

Слушай, ведь мы на тебя не надеемся,
Хоть ты являешься в сонме
                        неласковых снов,
Где прекрасными воспоминаньями греемся
Возле твоих погребальных унылых костров,
Да, в этой реальности мы — вечно грешные,
Расцелованы полынной горечью
                        твоих печальных губ,
От неласковой судьбы всегда безутешные,
Молча взирающие на жизненный сруб.
Пройдись опустевшего чувства аллеей,
Вспоминая былые, ушедшие в Лету года,

И если в этом мире стало немного светлее —
Значит, взошла полуночно святая Звезда.
Ты сплетаешь интриги греховною вязью,
Желая навеки остаться в духовных трудах.
Да, мы все обливаемся твоей позорною
                               лживою грязью
Или блаженно купаемся в любви
                               изумрудных прудах.
Хватит с усердием надрываться,
Неуемною страстью безмерно маня.
Забери likованье тщеславных оваций,
Вместо них дав мне счастья гнедого коня.
Ведь не залечить мои душевные раны,
Что явились прискорбно в оправданном деле.

Прошлое:

Мы с тобою сели за стол слишком рано,
Кровь буяет в висках,
                   закипая на дерзком пределе.

Я:

Упоен я духовными высями,
Но не рад уж своей появившейся проседи,
Играя души лучезарными мыслями
Погребальный мотив умирающей осени.
Знаешь, я на тебя совсем не сетую
И воспаряю надеждой в сумбурных ночах,
Хоть все мы клеймленны твоею
                             трагической метою,
Что ютится в судьбы панихидных речах.
Прошлое, помнишь ли ты все мечты,
                             столь заветные,
Храня их в чуланах своих потаенных надежд?

Вдоволь сыт я плодами
          твоими запретными,
Что вкушал от льстецов, подлецов и невежд.
Злые чувства по миру бездомно скитаются,
Изливая коварно-неистовый лад...

Прошлое:

Посмертно романы усладней читаются
И стихи обреченья намного красивей звучат.

Я:

Ты насквозь пропитано жизненной горечью
И покрыто мести коварными ранами,
Искалечено подлою мерзкою сволочью,
Да истерзано злыми изъянами.
Убери свою притворную жалость,
От которой немыслимо больно сейчас.
Ну что ты так в обречении сжалось?
Вытри слезы с плачущих глаз.

Прошлое:

Мрачность фраз..!

Я:

Ты меня часто посещаешь, думами мучая,
Убеждая, что нет уж в грядущем спасения.

Прошлое:

Ох, какие мы ныне с тобой невезучие,
Пережив эти тягостные потрясения.

Я:

Слышишь, полночь часы пробивают,
Наши желанья разрушив.

Прошлое:
Знаешь, меня ведь не все забывают...

Я:
Ты мрачной тоскою впиваешься в душу.
С нелепостью, вечно неугомонною,
Смотришь опять пилигримом надежды своей,
Открыв предо мной горя
                пропасть бездонную
Дерзостной страстью неистовых дней.
Прошлое! Ты еще всемогущее
Фатальностью дат, как духовный мираж,
Хоть и оставило в жизни дилеммы насущные,
Как нерадивости неприглядный багаж.
Ты сегодня такое бездомное,
Ведь отыграло свою мирозданную роль
Натурой великой, душою нескромною...

Прошлое:
Ты — вечный изгнанник,
                угрюмый король!

Я:
Мы непременно покажем свое.
Да не стесняйся — ешь, что видишь, и пей.

Прошлое:
Поверь мне, что мы с тобою вдвоем
Переживем всех кощунственных учителей.

Я:
Ответь, где твои безрассудные идолы
В сумасбродном всесильи тщеславных кумиров?

Прошлое:

Все они оказались коварными иродами
Со злыми оскалами жутких вампиров.

Я:

Мы истинным счастьем с тобой обольщенные,
Хоть все покрыла забвенья вуаль...
Ты отпусти мои чувства, Всевышним прощенные,
В светлого мира вселенскую звездную даль.
Знаешь, тебе так сегодня к лицу
Вечно хмельное нахальство.

Прошлое:

Лютню сожгли, рот порвали певцу,
А затем безвозвратно отправили в рабство?
Сгинуло зло демоническим ликом
Там, где вера молится у райских врат...

Я:

Мудрая сила прозреньем великим
Все старается поменять на свой лад.

Прошлое:

Снова ударить обличием в грязь
И получать словесные затрещины,
Как судьбою низверженный князь?

Я:

Опять тебе слава померещилась?
Много в сознаньи нерадостных туч.
Обречение — тень моей мечты изувеченной...

Прошлое:

Теперь от звезды остался только блеклый луч,
Роком и злобной фатальностью
                        дерзко увенчанный.

Я:

Это все отзвук душевных позиций…

Прошлое:

А вспомни, как подтасовали колоду,
Но мы в негодовании дерзких амбиций
Пережили коварно шальную невзгоду.

Я:

Ты взираешь, как будто с того света,
Из-под насупленных черных бровей.

Прошлое:

Давай ныне намажем позолоту рассвета
На священные пасхи твоих
                        православных церквей.

Я:

Знаешь, как бы там ни было,
                        чувствами всеми,
Я искренне тебя благодарю…

Прошлое:

За то, что духовное вечное семя
Посеял в блаженства святую зарю?

Я:

Я о тебе полуночно не думаю
И не храню вдохновенную верность свою.

Все мы скитаемся с надежды
                     дырявыми сумами
В этом измаянном горем, промозглом краю.
Ты держишь меня очень цепко
Счастьем детства и порывами юности.

Прошлое:
Это моя изощренная будет зацепка,
Дающая о судьбе призадуматься.

Я:
Нечего на тебя мне пенять,
Находя в отрешеньи
           святое спасение,
Ведь я знаю, как лучше по жизни шагать
В обречении светлой души к Воскресенью.
Не нужна мне щемящая боль эпитафий,
Что поется навзрыд погребальными песнями,
Ведь все мы смотрим
             с выцветших фотографий,
Где так юны, вдохновенны и веселы.
Ты ныне снова такое хмельное,
Налившее мне всех страстей
                     дорогое вино.

Прошлое:
Быстро закончилось счастье святое,
Что миром божественным было дано.

Я:
Помнишь, как подлость в коварстве лихом
Посягнула на мое существование,
И повеяло жутким могильным крестом..?

Прошлое:
Оставь ты свои воспоминания!

Я :
Упоен я духовно блаженною сладостью,
Только видеть тебя вновь сегодня не рад!

Прошлое:
Истрепали твою душу низменной тягостью
И притупили раздумием радостный взгляд.

Я :
Ты сегодня мне, как в детстве мама,
Сказку добрую полночно расскажи.

Прошлое:
Неужели еще впечатлений мало,
Хочется новых надежд миражи?

Я :
Распались твои все воздушные замки,
И в судьбе больше нет благодатного знака,
Но разъехались этапами вагонзаки*
Да позабылись
               все даты рожденья у Зодиака.
Я в Мироздании вечно скитаюсь,
В ангельских нимбах мечты зажигая огни,
Каюсь, молюсь за тебя, зарекаюсь,
Перелистав многоликого мира фатальные дни.
Ты все хранишь душевные страницы,
Картину памяти всевластно проявив,
Возобновляя действия и жизненные лица,
Заново, по старым нотам, играя забытый мотив.

---

* Вагонза́к (столыпинский вагон, вагон для перевозки спецконтингента) — специальный вагон для перевозки подследственных и осужденных.

Выйди в осень, предавшись смятенью.
Думаешь, что бы еще мне сегодня плохое сказать?
Пойди да побейся об стены
                тюремною серою тенью,
Вымыв слезами запавшие горем глаза...
А сейчас — оставь меня этой злою ночью!
Сам хочу я побыть — не с тобою один на один.
Дай мне раздумий о мире великом, порочном
Памятью вечных небесных седин.

Прошлое:
Но на прощание выпьем мы, что ли?
Пусть вином будет в кубках янтарного утра заря.

Я:
Помнишь, как в жизненной
                      нравственной школе
Сущность учили по строкам любви букваря?
Дай лишь сегодня терпенья немного,
Чтоб продержаться хватило мне сил,
Пронеся тяжкий крест, что дарован от Бога,
По вселенским дорогам,
                минуя десятки могил.
Прошлое, я уже не сплю с тревогой вора,
Ведь не желаю с тобой уживаться никак,
Глядя на алтарь Вселенского Собора,
На котором Посвящения блаженный знак.
Пусть мои молитвы в лучезарный вечер,
Где святых икон космический оклад,
Зажигают неустанно веры свечи
В памяти священный звездопад.

Прошлое:
Мой дух своею мудростью целебен,
И пусть сейчас в мирозданной тиши

Витает божественный молебен
Твоей отчаянно-возвышенной души.
Отбивает время жизни нам
                Вселенский маятник
Днями смерти и светлыми датами рождения…

Я :

Из Мечты я воздвиг тебе памятник,
Из Надежды — отлил ограждение.
Ты мне в эту ночь совсем некстати.
Поднимемся теперь с прощальным тостом!
Надень свое траурное черное платье,
Пойдем, я проведу тебя погостом.
Мы уйдем благословенными эпохами,
Глядя на небо наше слезливое.
Пусть судьба помянет тебя
                тяжкими вздохами,
Вспомнив поползновенья стыдливые.
А поля наливаются колосом,
Выражающим созидание,
Засвисти, ветер, жалобным голосом,
Заполняющим Мироздание!
Прошлое! Ветхое, дерзко-умильное!
Ты не смотри на прощанье глазами лихими!
Лучше над жизненным
              тайным могильником
Горько заплачь, прошептав мое имя.
Дай на прощанье священную клятву
Норовом ревностным, брошенно-любящим,
Что, позабыв роковые проклятия,
Будешь молить обо мне
              перед Будущим!

НОЧЬ ПОСЛЕДНЕГО ИСКУШЕНИЯ

Поэма

*Благословеньем откровений
Пусть торжествуют в эту ночь
Свет Истины — стезей сравнений
И Мудрость — Постиженья дочь.*

В недавнем прошлом человек безмерной порочности стал на путь праведности. Дьяволу хочется вновь поработить его душу, и он решается на повторное искушение.

У врат ада сидит мрачный Дьявол

Дьявол:

Прошло уже четыре года
С тех пор, как волею небес
Сын человеческого рода
Пошел порочности вразрез.
Живет он правдою святою,
Изволив грешность позабыть,
Но попытаюсь сутью злою
Его вторично искусить.
Возможно, я сейчас сумею
Его от Бога отвести,
Явив подложную идею
Про мирозданные пути.
Ушел он в веру непомерно,
Внемля прозренью своему.
Уж полночь бьет, пора, наверно,
Идти мне в келию к нему.

Келия Праведника

Праведник *(про себя):*

Лишь ночь
магически открыла
Свою космическую даль,
Как демоническая сила
Нагнала мрачную печаль.
Потусторонние виденья
Везде загадочно снуют,
С неистовостью наважденья
Сплетая вязь коварных пут.
Буяют низменные страсти
Неугомонностью своей,
Являя сумасбродство власти
Всепроникающих идей.

(вслух):

Зачем ты, сатана, жестоко
Злоумышляешь в час ночной?

Из темноты появляется Дьявол:

Затем, чтобы дитя порока
Вернулось к сущности земной!
К чему покинул обольщенье
Миров, где царствовал уют,
И с целью перевоплощенья
Обрел монашеский приют?
Всевластьем дерзкого участья
Ты был на злобу обречен,
Творя несокрушимость счастья
Порабощающим мечом.
Но как сумел переиначить
Ты свой воинствующий слог?

Праведник:
Господней верой!

Дьявол:
Это значит,
Что близок жизненный итог!
Ты принял свет звезды, манящей
Проникновенностью мечты,
Чтобы в убогом настоящем
Погрязнуть в узах нищеты?
Хоть благонравственные грезы
Преобразили твой устой,
Одумайся, пока не поздно,
Переиначить выбор свой.
Создав теорию святую,
Возненавидел этот свет?
Но чтоб осмыслить жизнь земную,
Открою я один секрет!
На изначалье Мирозданья
Являя пагубный успех,
В строптивости непослушанья
Родился сумасбродный грех.
Порок коварным оказался,
Вручая низменный подлог,
Чтоб этот мир образовался
Совсем не так,
        как думал Бог.
Чета Эдема на планете,
Возжаждав мудростью владеть,
Сменила светлое бессмертье
На ужасающую смерть.
Когда изгнанники из Рая
Ушли греховной стороной,

Их души, свет осознавая,
Сроднились с мерою земной,
И в них проникла любострастно
Дилемма жизненной игры,
Чтобы интригами всевластно
Творить порочные миры.
Грехотворящая расплата
Внушила пагубность уму,
Чтоб Каин уничтожил брата
Из тайной зависти к нему.
Жизнь многопланово менялась
И изощрялась, как могла,
Чтоб Правда навсегда осталась
Наложницей в темницах Зла.
Духовность люди убивали,
Проторив нерадивый путь,
Забыв Господние морали,
Вершащие земную суть.
Они, растлив грехом сознанье,
Создали полоумный скоп,
Беснуясь злобой в Мирозданьи,
За что им Бог наслал потоп.
Увидев ненависть народа
Своей натурою святой,
Разбушевавшейся природой
Он уничтожил мир земной.
Но созидательной стезею
Являя нравственный подход,
Вновь праведным семейством Ноя
Продолжил человечий род.
Тут бесконечные изъяны
Создали череду помех,
Чтобы Ной проклял Ханаана

За совершенный Хамом грех.
Всегда порочность возрастает
Стезею первого лица,
Но Жизнь коварно поступает,
Где сын — ответчик за отца.
Грех венценосно зародился
Из обновленной чистоты,
Когда Хам нагло поглумился
Над ликом отчей наготы.
Неблаговидные стремленья,
Наполнив жизненный эфир,
Сподвигли снова поколенья
Вершить многоформатный мир.
Идя дорогою разврата
Души на пагубное дно,
Народы взяли силу злата,
Услады жизни и вино.
Отвергнув светлые морали,
Продолжив грехотворный сказ,
Они кощунственно попрали
Господний ревностный наказ.
Системою вселенских правил,
Высокомерьем мудрых сфер
Ваяли башню, но поставил
Бог лингвистический барьер.
Как ни противилось сознанье
Всесозидающих людей,
Тенденцией непониманья
Закончилась гряда идей.
Чтобы не дать вершить позору
Развратной грехотворной мглой,
Содом повергнул и Гоморру
Горящей серой и смолой.

Среди житейского бедлама
Творя священный оборот,
Господь находит Авраама,
Чтоб тот зачал еврейский род,
Чтобы среди греховной массы
Царило веры торжество
В создании духовной расы,
Преобразившей Естество.
Осуществляя соразмерность
Потенциала Своего,
Поставил жесткий
             тест на верность
Сыновней жертвою его.
Затем, благословенье сея,
В надежде видеть новый свет
Бог вдохновляет Моисея
Блуждать в пустыне сорок лет.
Он вел народ в походном стане,
Но ропот был среди людей,
Что на одной небесной манне
Не строится каскад идей.
Забыв Господние морали,
Стезей порочного лица
Они кощунственно создали
Златого идола-тельца.
Брела вперед толпа большая
С величием святых манер,
Не зная, что Бог совершает
Космологический маневр.
Ведь Он Вселенским повеленьем
Водил их верой на челе,
Чтобы духовным поколеньем
Они явились на Земле.

И с посвященностью желанной,
От обреченности большой
Привел к земле обетованной
Благословенною душой.
Но времени прошло так мало,
И изощренностью своей
Инакомыслье растлевало
Сознанье в сумасбродстве дней.
Греховная разнообразность
Им стала слишком дорога,
Хоть ублажающая праздность
Коварней страшного врага.
Как только счастье улыбнулось
Безоблачностью Бытия,
Тут вмиг порочность обернулась
Усладной алчностью житья.
…С намерением исправленья
Своей Вселенскою Душой
Дал вавилонское плененье
Им от греховности лихой.
Но лишь Господними руками
С благочестивостью идей
Не упразднить то, что веками
Взрастало в душах у людей.
Пока народ на свете жив,
В нем злоба не искоренится,
Ведь обусловленностью лжи
Она в сердцах смогла прижиться.
Посредством разума и духа,
Плеядами вселенских лет
Великогрешная разруха
Заполнила контрастный свет.
Напомню я, как в Иудее,

Отверзнув ярые уста,
Ортодоксальные евреи
Распяли мудрого Христа.
Так однозначен был итог
Благословенного пророка,
Что не смогли мольбы и Бог
Его спасти от злого рока.
Он вдохновенно всех учил
Любви
      в житейской круговерти,
За что в итоге получил
Мучения коварной смерти.
Своим деянием лихим
Все лицемерно доказали,
Что, сколь добра ни делай им,
Они его поймут едва ли.
Их души верой горячи,
Приемля Истину святую,
Но золотой лишь грош вручи —
Вмиг продадут и мать родную!
Ведь с обольстительною страстью
Всем управляет алчный бес,
И нет вам дела до небес,
Когда лишь он — вершина счастья.
А если злобою времен
Работаешь в потоках пота,
Проси у Бога, может, Он
Тебе пожертвует хоть что-то.
Всепроникающим сознаньем
Ты должен истину понять,
Что за основы Мирозданья
Сейчас не нужно умирать.
Когда магические силы

Приносят мировую власть,
Не надобна познанья страсть
В пристанище лихой могилы.
На нескончаемых пирах
Тобой должна быть
                    жизнь воспета,
Пока не стерло время в прах
Умалишенного аскета.
Ты, отлучив себя от мира
И запершись среди икон,
Живешь энергией эфира,
Являя праведный резон?
В благословении идей
С божественным потенциалом
Ты избегаешь всех людей
Высоконравственным началом.
Внемля пытливому уму
Среди Вселенского Чертога,
Тебе не выжить одному
Под покровительством у Бога.
Свою реальность изменив,
Ты постигаешь Мирозданье,
Логически преобразив
Универсальное сознанье.
При затухающих свечах
Смотря на древние иконы,
В измаянных судьбой ночах
Твердишь библейские законы.
Погрязнув в православных узах,
Не понимаешь одного,
Что отрешенностью иллюзий
Ты не достигнешь ничего.
Погибнет немощная плоть

Со всеми чувствами святыми,
И благоденственный Господь
Твое не упомянет имя.
Сегодня явно неспроста
Я изливаю откровенья,
Ведь после смерти — пустота
Неоспоримого забвенья.
Свой глупый виртуальный мир
Ты властен полностью разрушить…

П р а в е д н и к (*про себя*):

Довольно!
       Хватит молча слушать
Словесный вакханальный пир!

(*вслух*):

Коварный голос искушенья
Знаком неимоверно мне
Иллюзиями обольщенья
При упоительной Луне,
Когда мы ревностно мечтали
Завоевать огромный свет,
Но миражи идей пропали,
Рассеявшись в туманах лет!
Еще не зажили страданья
От демонических стихий,
А ты всесильем злодеянья
Являешь новые грехи.
Когда-то с тайною надеждой
На вседозволенность свою
Самоуверенным невеждой
Бродил я в дьявольском краю.
Духовным миром недоволен,

Я в плен попал твоих сетей,
Где стал неизлечимо болен
Всевластьем низменных страстей,
Но чередою искушений,
Которые судьба дала,
Я вник в обманчивость
              прельщений
Интриг кощунственного зла.
Сперва я дерзко насладился
Обилием лихих стихий,
Затем отчаянно решился
Отвергнуть жуткие грехи.
Ты манишь всех
          стезей поспешной
Увидеть мрачный реализм,
Но в Мирозданьи,
           кроме грешной,
Бытует праведная жизнь.
Беснуясь злобой оголтело,
Ты разжигаешь в людях страсть,
Наобещав им так умело
Всепобеждающую власть.
Смеешься,
      что народы живы
Величьем нравственных основ,
Творя пристрастием наживы
Большое множество грехов.
Где глас безумия, зовущий
Вершить неутомимость битв,
Лишь Вера — инок неимущий
Благословением молитв.
Приобретенные богатства

Корыстолюбием идей —
Плоды стяжательного рабства
Разбесновавшихся людей.
Где Вожделение изменой
Ничтожит светлую Любовь —
Там с алтарей янтарной пеной
Стекает жертвенная кровь.
Алмаз всесильем искушений
Порочных низменных миров
Рождает ярость преступлений
У властолюбящих умов.
Но в Бытии
             есть место чуду,
И, вероятно, неспроста
Народы прокляли Иуду,
Приемля праведность Христа.
Все заблуждение мгновенно.
Наступит истинный черед,
Где Мирозданье несомненно
Благоразумье обретет!
Ты изощренными сетями
Вручаешь пагубность услад,
Ведя греховными путями
Народы в беспросветный ад.
Но в мирозданной круговерти
С коварностью твоих идей
Кощунственным финалом смерти
Итожатся стези затей.
Твои слова — лихой мучитель,
Достойный падших подлецов,
Как демонический учитель
Для негодяев и лжецов.

Божественный рассвет призывно
Являет восходящий день...

Дьявол:

Но в Мирозданьи неразрывно
Со Светом сопряженна Тень.
Как неотъемлемая мера
Она Созданию дана —
Напоминания химера
О том, что пагубность видна.
Где вседозволенность жестоко
Уничтожает совесть, честь...

Праведник:

Среди неистовых пороков
Прозрение святое есть.

Дьявол:

В дилемме жизненного круга
Не видно Истины лица...

(про себя):

Хоть осознали мы друг друга,
Но жертва не узрит ловца.

(вслух):

Зачем ты праведно неволишь
Плоть истощенную свою
И Бога вопрошать изволишь
О месте в сладостном Раю?
Создав иллюзии благие,
Не опрометчиво, скажи,
Менять реалии земные
На призрачные миражи?

Являя в Мирозданьи старом
Отверженный духовный вид,
Ты жизнь растрачиваешь даром
Проникновенностью молитв.
Чрезмерно верой отдалился
От страстных прихотей плотских
И отрешенно углубился
В познание азов святых.
Всевластие не принимаешь
Величьем нравственных основ,
Но чем сильнее в мир вникаешь,
Тем больше узнаешь грехов.
Отрезок жизненного срока
Ты должен дерзостно прожечь,
Ведь невозможно от порока
Любую душу уберечь.

Праведник:

Миры кощунственных идей
Сознанью изменить подвластно.

Дьявол:

Мне помнится, как Прометей
Не удержался от соблазна,
Чтобы великою душой
Вручить огонь пытливым людям.

Праведник:

За это карою лихой
Титана боги вечно судят.
Твое стремление — упорно
Гипнотизировать меня?

Дьявол:
Всегда кончается, бесспорно,
Горенье вещего огня,
А дальше — ночь
              объятьем черным.
Она — владычица миров,
Основа Вечного Истока,
Хозяйка многоликих снов,
Подруга злобного порока.
Она — греховная обитель
Коварности преступных дел,
Великолепный искуситель
Всех раболепствующих тел.
Она — хранительница тайн
Неисчерпаемой Вселенной,
Всепоглощающий титан
Иллюзии проникновенной.

Праведник:
Не зря универсальный фон
Природа Светом озарила.

Дьявол:
Переформация времен
Погасит яркие светила.

Праведник:
Но коль звезды давно уж нет,
То сонм лучей еще струится,
И этот вдохновенный свет
Влюбленным озаряет лица.

Дьявол:

Так это опаданье лишь
Соцветия увядшей розы,
И, в сущности, не различишь,
Где мира явь, а где — все грезы.
Величьем истинного сана
Сполна проявится лицо
Преображения обмана
Далеких звездных хитрецов.
Ведь во Вселенской круговерти,
Открывшейся твоим очам,
От изощряющейся смерти
Вовек не убежать лучам.
Энергетический предел
Трансформирует Мирозданье,
Ведь скорость разрушенья тел
Стремительнее созиданья.
Апокалипсис все равно
Вселенную уничтожает.

Праведник:

Меняясь полностью, одно
Иное что-то созидает.
Универсальною дугой
Идет вселенское движенье:
Одна энергия в другой
Творит свое преображенье.

Дьявол:

У динамических систем
Божественного Мирозданья
Возникло множество проблем
Вселенского образованья.

Бог задался священной целью:
Творя земные рубежи,
Связать логическою цепью
Сформировавшуюся Жизнь.
Он создал по духовной схеме
Метафизический эфир,
Чтоб в галактической системе
Вращались микро-, макромир,
И, сгенерировав Природу,
Задал ей интегральный ритм,
Чтобы универсальный модуль
Являл Вселенский Алгоритм.
Но если взять контрастный лад
Энергетических сегментов,
То рушится структурный ряд
Без одного из компонентов.
Нелепа выживать попытка
Биологических существ
От недостатка иль избытка
Процессов или же веществ.
Здесь не бывает исключений
Для гармонических миров
Системою ограничений
Мстафизических основ.
Планета ритм развития
Творит, энергокод слагая,
Биосистему Бытия
Космологически спрягая.
Она рождает единицы
С многообразием идей,
Открыв духовные границы
Для благомыслящих людей.

*Являя истинные ноты,
Творит Вселенский резонанс,
Освоив вечные частоты,
Несущие космобаланс.
В энергоинформационной схеме,
Где Разум жизненно весом,
Универсальною системой
Идет развитье хромосом.
Мутационных изменений
Не избежать Земле никак.
Все ждут,
        что народится гений,
А появляется дурак.
Запрограммировав движенье
Энергетических веществ,
Земля слагает продолженье
Родов генетикой существ.
И пусть бытует ряд стечений,
Творящих жизненный альянс,
Но деструктивных излучений
Не избежит геобаланс.
Ведь смертоносного посланца
Пускает Солнце иногда,
И вы ничтожитесь тогда
Пожарищем протуберанца.
Мегавселенский катаклизм
Реликтового Мирозданья
Преображает механизм
Космического созиданья.
С намерением постижений
Вы ищете духовный прок,
Но бесконечность достижений
Уничтожает ярый рок.*

Вам незначительный дан срок
Для жизнедейственных свершений,
Ведь сокрушительный поток
Являет силу разрушений.
Вы в поглощающем огне
Сгорите прахом поневоле,
И будет Бог вновь в стороне
От вашей пагубной юдоли.

Праведник:

Нам предназначено смотреть
На эту жизнь с благоговеньем,
Ведь Бог вовек не даст сгореть
Универсальному творенью.
Космические перспективы
Земля уверенно вершит,
Высоконравственным мотивом
Наполнив праведную жизнь.
Благословением начал
Являясь в истинных деяньях,
Творец предначертал Финал
В библейских предзнаменованьях.
Произойдет так, несомненно,
Что мир утратит вещий смысл,
Когда глубинами Вселенной
Уйдет божественная мысль.

Дьявол:

Века логически творят
Все, что душе необходимо,
Но только не объединят
То, что уж несоединимо.

Праведник:
Все Мироздание подвластно
Благотворению Его…

Дьявол:
Бывает, что небезопасно
Преобразится Естество.
Потенциальное свершенье
В дисгармонических мирах
Осуществляет разрушенье
Цивилизации во прах.
Посредством пагубных изъянов
Не избегает этот свет
Землетрясений и вулканов
Да сокрушительных комет.
Катастрофические силы
Ничтожат множество людей,
Низвергнув в жуткие могилы
Многообразие идей.
Историки немало знали
Переформаций на Земле,
Когда державы исчезали
В огне и пепельной золе.
Ведь катаклизмы разрушают
Высокоразвитую суть…

Праведник:
Но постепенно возрождает
Планета Мироздaнный путь.
Животворящим созиданьем
Является Вселенский свет,
Чтобы Божественным сознаньем
Земля вершила много лет.

Она, давая мощный импульс,
Питает мысленный поток,
Преобразуя фотосинтез
В энергетический исток.
Благословениями смысла
В структуризациях веков
Она рождает завязь жизни
Из органических основ.
Поверх космического праха
Возникнут снова города…

  Дьявол:
Земля критериями страха
Жила в Галактике всегда.
Все, что воссоздано вторично
Из органических основ,
Преображается логично
Алгоритмичностью миров.
Ведь если взять энергосхему
Метафизической межи,
То интегральную системой
Является земная жизнь.
Стезей вселенского вращенья
На траекториях орбит
Методикой перемещенья
Менялся планетарный быт.
Погибли многие созданья
В катастрофический момент
В круговороте Мирозданья,
Где Бог ведет эксперимент.
Системою причин и следствий,
Десятки миллионов лет,

Земля — театр
*   вселенских действий*
В бескрайней суете сует.
Ты убедительно пока
Возжаждал верой загореться?
Огонь красив издалека,
Но близко можно и обжечься.
Манит проникновенно он
В разгоряченные объятья,
Где ты фатальностью времен
Сгоришь, пролепетав проклятья.
Ты созидаешь свет идей
Благословенною душою,
Чтобы натурою своей
Прослыть непризнанным изгоем?

Праведник:

Твердит Вселенская наука,
Являя нравственную грань:
Горенье — тягостная мука,
Но свет его — блаженства дань!

Дьявол:

Божественное естество
В своих пределах обитает,
И Небо не простит того,
Кто слишком высоко летает.

Праведник:

Вселенским устремленьем духа
Душевный уникальный сказ
Преображает орган слуха
И расширяет спектр глаз.
Ты вероломством не спеши

Воспламеняться озверело.
Земля, поистине, для тела,
Но Небо — для святой души!
Господь в одно соединил
Два гармонических творенья.

Дьявол:

И человека наградил
Изрядной силой тяготенья.
Твоя душа жила мечтой —
Покинуть мракобесье мира,
Но неподъемен образ твой
В универсальности эфира.
Распределенна атмосфера,
На каждый метр — по восемь тонн.
Не вознесет тебя и вера,
Что доказал Исаак Ньютон.
Ортодоксальные решенья
Преобразились на Земле,
Но лишь духовные стремленья
Бытуют в беспросветной мгле.
А может, Богу вовсе ты
Высоконравственный не нужен,
Ведь птицы миром высоты
Перелетают в край им чуждый
И, отбывая зиму там,
Неутомимою душою
К своим насиженным местам
Летят счастливою весною.
Покинув берега иные,
В ошеломляющей дали
Они спешат в края родные,
Отвергнув лик чужой земли.

Праведник:

Мы здесь неповторимый миг
Живем миротворящим смыслом,
Чтоб созиданьем дел благих
Готовиться к вселенской жизни.
Ведь птицы —
           веры голоса,
Неутомимые скитальцы,
Что оглашают небеса,
Где наши души — постояльцы.
Мы снисходительно глядим,
Как сумасбродные невежды,
Закончив с житием земным,
Снимают плотские одежды.
Они за пагубный Содом
Падут пред тем, кого хулили,
Чтобы воздалось им Судом
За демонические были.

Дьявол:

Изыскан слог твой,
           мысль остра,
Но не спеши с ответом рьяно,
Припомнив, как в пылу костра
Сгорел прославленный Джордано.
Он шел за Правду, как изгой,
В объятия шального пекла,
Но ведь осталась от него
Нелепая пригоршня пепла!
Вот так и ты когда-нибудь,
Обожествляя Мирозданье,
Закончишь нерадивый путь
На паперти у Созиданья.

Кощунства злобная рука
Тебя неистово осудит…

Праведник:

Идея, пережив века,
Бессмертием теплиться будет.

Дьявол:

Но разум горестно молчит
Среди греховного всесилья,
Где он уже не отличит
Добро от Зла, рога от крыльев.
В житейском хитром лабиринте,
Бессилием святых манер,
Ты возмечтал о быстром спринте,
Неосмотрительный Гомер.
Везде порочная среда,
Ведь и у церкви грязны руки,
Коль паствы истины всегда
Возносятся вразрез науке.
Наполнившись коварной ложью
Теологических основ,
Священники прогресс ничтожат
Догматами библейских слов.
Тщеславной «праведною новью»
Благоговение явив,
Они твердят с «большой любовью»
О святости духовных нив.
Внемля греховному подлогу,
Изобличаются вполне,
Служа на проповедях Богу,
А подчиняясь — лично мне!
И в мирозданной круговерти,

Отождествив житейский мрак,
Плетут логические сети,
Куда идет народ-простак.
Неукоснительностью истин
О добродетели, любви,
Любой твердит,
           что с Богом искренен,
Хоть весь испачкан он в крови.
Всесильем «праведного» сана
Являя нравственный позор,
Скрывает сущность Ватикана
Собрание духовных свор.
И будет высказать уместно —
Не им всевластие иметь,
Ведь в Мирозданьи
                на двух креслах
Не всякий сможет усидеть.
Дуальность созидает мир
Тенденцией преображенья,
Где Рим, как истинный кумир,
Страдал в эпоху Возрожденья.

Праведник:

Давно в историю ушло
Негодованье инквизиций,
А ты все извергаешь зло,
Меняя пагубные лица.
Пришел натурою убогой
Творить обилие грехов…

Дьявол:

Бессмысленно, другой дорогой
Мои дела не шли от слов.

Контрастами альтернатив
Является стезя развязки…

Праведник:
Высоконравственный мотив
Меняет жизненные краски.
Ты поразительно умело
Сулишь земное превосходство…

Дьявол:
Моя теория всецело
С реальностью имеет сходство.
Творя неутомимый путь
Космического вдохновенья,
Познай логическую суть
Универсального творенья.
Осмысли мудростью веков
Божественную роспись храма.

Праведник:
Вблизи — фундаменты основ,
А с расстоянья — панорама.

Дьявол:
Художники хотят являть
Божественное Мирозданье
Способностью изображать
Универсальное созданье.
Они рисуют сонм видений
На многоплановых холстах
С разнообразием суждений
В свободомолвящих устах.
Боишься «Страшного Суда»,
Написанного Буонарроти?

А я сгорел бы от стыда,
Глядя на этот свод пародий!
Он, возжелав душой творить,
Вращался в круговерти мыслей,
Чтоб убедительно явить
Фундамент истинного смысла.

Праведник:

Но гениальной компоновкой
Космологических основ
Он обусловил расстановку
Метафизических миров,
Чтобы земные поколенья,
Поняв Божественную Мысль,
Взирая на его творенье,
Постигли мирозданный смысл.

Дьявол:

Вторя премудрые тирады,
Которыми твой ум ведом,
Ты не добьешься в мире правды,
Живя сизифовым трудом.
Духовные проникновенья
Высоконравственных идей
Приходят к точкам преткновенья
Грехопадения людей.
Хитрейшие все подытожат
Корыстолюбием лихим
И ясный интеллект сничтожат
Преображением шальным.
На непробившихся талантах,
Неосмотрительных умах
Произрастает лик гигантов,

Вершащих в пагубных мирах.
Ты — словно зодчий
              в глинной пыли,
Который Храм святой ваял,
За что его и ослепили,
Чтоб он подобье не создал!

Праведник:

Весь смысл Господнего стремленья —
Являть бесчисленность существ —
Заложен в Истине Творенья
Порядком жизненных веществ,
Ведь формы, что преображают
Великолепие основ,
Духовно олицетворяют
Богообразие миров.
И те, кто мыслью созидают
Многообразие идей,
Неоспоримо составляют
Цивилизацию людей!

Дьявол:

Но почему за этот лепет
Он их от мира отлучил
И в пагубном цементном склепе
Необратимо заточил?
Везде греховная рутина
Среди бушующего зла,

(про себя):

Но нравственная сердцевина —
Как вязь Гордиева узла.

(вслух):
Живёшь немыслимо покорно,
Реальность светлую губя,
Прозревшим разумом бесспорно
Прогнав пороки от себя!

Праведник:
Вверяясь праведному делу,
Живу душою для других...

Дьявол:
Всегда, из выводов людских,
Своя нужда дороже телу!
Зачем чрезмерно утруждаться
Благодеяния творить,
Когда живёшь, чтоб пресыщаться,
А не вкушаешь, чтобы жить?

Праведник:
Мне хочется скорей отсюда
Уйти душой на Райский брег...

Дьявол:
Но время в ожиданьи чуда
Приостанавливает бег.
Зачем тебе сейчас, скажи,
Внемля космическому виду,
Творить среди коварной лжи
Божественную Атлантиду?
Живя духовною стезёю
В плеядах отрешённых лет,
Желаешь обрести душою
Прозрения вселенский свет?
Но у тебя плачевный вид

Пустынника и каллиграфа,
Ты не такой, как царь Давид,
Убивший смело Голиафа!
На утлом мысленном ковчеге,
Который верой сколотил,
Тебе мечтать бы не о бреге,
А о расчете слабых сил.
К благословенным небесам
Летишь сознанием открыто,
Но ищешь ведь совсем не там,
Где вечно Истина сокрыта!
Когда истерзанная плоть
От безысходности завоет,
Тебя не выручит Господь
И злобная пучина скроет,
А мир неоспоримо просто
Укажет жизненный резон,
Тебя швырнув на дикий остров,
Где находился Робинзон.
Один, затравленный и голый,
Ты обживешь печальный плес,
Произнося молитв глаголы,
Взывая к доброте небес.
В самоотверженном лишеньи
Влача измаянные дни,
Ты станешь жертвоприношеньем,
Иову кроткому сродни.

Праведник:
Но Человеку ведь недаром
Давалось все своим трудом,
Проникновенным
        Божьим даром

Он возводил идейный дом.
Являя нравственные своды,
Фундамент Веры воздвигал,
Ведь подарил Господь Природой
Логический потенциал.
Сполна преодолев ненастья,
Молясь блаженным небесам,
Сооружал всесильем счастья
Сознания Вселенский Храм.
Безумья ураганы дули,
Стремясь творенье сокрушить…
Тела разрушили, согнули,
Но не убили свет Души!

Дьявол:
Многообразьем светлых грез
Являешь жизненный сценарий,
Когда планета — мудрый мозг
Из макросферных полушарий.
Энергетический объем
Хранится в недрах сокровенно,
Скрывая в принципе своем
Всю информацию Вселенной.
Тебя обидела Природа
Отверженностью злобных лет,
Равно как дерево без плода
Отождествляет пустоцвет.
Ты, как премудрый Архимед,
Являя жизненные споры,
Перевернуть желаешь свет
Без основательной опоры.
Твое духовное призванье
Ортодоксальностью твердит.

Праведник:

Универсальное сознанье
Меняет мирозданный вид.

Дьявол:

Вы по божественной структуре
Противоречите себе.
Твоей смирившейся натуре
Не противостоять судьбе.
Неумолимыми часами
Век нерадиво пробежит…

Праведник:

Но люди, несомненно, сами
Безмерно усложняют жизнь!
Внемля сознаньем постиженью
Космологических проблем,
Все поддаются искушенью
Тобой придуманных дилемм.
Душа уверенно хотела
Идти к божественным мирам,
Чтоб укротить
          пристрастье тела
К порочным жизненным дарам.
Она желала бы духовно
Переиначить Бытие…

Дьявол:

Но ничего ведь, безусловно,
Не получилось у нее!
Людская грешная натура
Стезей неблаговидных дел
Отвергла светлую культуру,
Переиначив свой удел.

До мизерных объемов сжалось
Великодушное добро,
Но возросла лихая жадность,
Заполнив злобное нутро.

Праведник:

Желание пороков чаще
Являет пагубный предел,
И рок постигнет тело наше
За множество греховных дел.

Дьявол:

Ты жаждешь мудростью своей
Познать критерии основ,
Когда великий Галилей
Отрекся от своих трудов?
Он возжелал сознаньем тоже
Явить святой потенциал,
Но жизнь немерено дороже,
Чем Мирозданья Идеал.

Праведник:

Я смело высказать посмею,
Что почитание найдет
Тот, кто божественной идеей
Целенаправленно живет!

Дьявол:

Ты ждешь
      божественных известий,
Судьбу молитвами губя,
Топчась сознанием на месте,
Жизнь прогоняя от себя.
Ведь умираешь от тоски,

Влача отверженные годы,
Грехотворящие ростки
Убив отсутствием свободы.
Твое стремленье безгранично —
Влеченье страсти превозмочь,
Но понимание различно:
Хотеть — еще не значит мочь!

Праведник:

Преображают поколенья
Многообразье Естества,
Ведь алгоритмом постиженья
Произрастают существа.
Вселенная духовной вязью
Была Всевышним создана,
Энергоинформационной связью
Взаимодействовать должна.

Дьявол:

От сладострастности чудесной
В объятиях порочных нег
И благодати повсеместной
Душа задумала побег?
Лишь только заиграют струны
Твоих звонкоголосых лир,
Как жизнерадостность Фортуны
Откроет многоликий мир!
Ты хочешь уникальный знак
Явить путем созданья книги
И, как Оноре де Бальзак,
Писать романные интриги?
Преображай благую даль
Мечтой грядущего кумира

И, вероятно, как Стендаль,
Покажешь уникальность мира!
Ты доверяешь небесам
Иллюзиями вдохновенья?

Праведник:

Шекспир, Гюго и Мопассан
Создали дивные творенья.
Писатели земной судьбы
Величьем Истины вершили…

Дьявол:

И, как духовные рабы,
Идей заложниками были.
Неутомимые педанты
Сознанием не горячи,
Как изощряющийся Данте,
Который вас уму учил.
В фантасмагориях витая
Натурой праведной своей,
Он жил, премудро сотворяя
Многообразие идей.
Вращаясь во Вселенской фазе
Неподражаемых искусств,
Слагал красноречивой вязью
Замысловатость светлых чувств.
Усердиями созиданья
Преобразив духовный спуд,
О подноготной Мирозданья
Создал фундаментальный труд.
Явив сознанием превратно
Универсальность Бытия,
Он показал невероятно

Стезю загробного житья.
Высоконравственным настроем
Открыв Вселенское Лицо,
Он был непризнанным изгоем
У католических лжецов.
Теологически спрягая
Структуризацию основ,
Творил, премудро усложняя
Многообразие миров.

Праведник:

Являя жизни бесконечность
Великолепием искусств,
Он отразил святую Вечность
Благонамеренностью чувств.
Проникновеньем созиданья
Наполнив мыслями эфир,
Он суперсферой подсознанья
Открыл потусторонний мир.

Дьявол:

Ты ищешь плодотворный толк
От созидательных идиллий,
Как Аристотель, Эмпедокл,
Плутарх, Гораций иль Вергилий?
Но ведь наивные глупцы,
Которые познаньем жили,
Как философские истцы
Себя посмешищем явили.
Твое духовное нутро
Иссякнет вдохновеньем вскоре,
И на сознание тавро
Поставит пагубное горе.

Смерть жадно ходит за тобой,
Исполненная дел кровавых,
И ты, как Байрон иль Рембо́,
Умрешь от рук ее костлявых.
Ведь этот сумасбродный лад
Непререкаемо жестоко
Вверяет свод фатальных дат
Ничтожности земного срока.
Тебе не убежать от свор,
Буяющих безумьем рьяно,
Когда оскалится топор
И плаха ухмыльнется пьяно.
Но тщетно на судьбу пенять,
Ведь люди мудрость презирают,
И как ты сможешь их понять,
Когда тебя не понимают?
Здесь разве интеллекта хватит
На благонравственный подход?
Немало сил придется тратить,
Чтоб обрести заветный плод!
Идя дорогою науки,
Ты Истине Вселенской внял,
Перетерпев большие муки,
Как возгордившийся Тантал.
Ты выбрал путь душе отрадный,
Который дарит небосвод,
Но незачем идти в парадный,
Когда есть к славе черный ход.
И не всегда чрезмерно просто
Слагается земная суть,
Ведь всякий в мире ищет способ,
Чтоб Шелковый проторить путь.
Не от тебя здесь все зависит,

Хоть в деле ты увидел прок,
А лишь от тех,
          кто алчной мыслью
От созидания далек.
Мораль, забытая отчасти,
Откроет Истины лицо
В том, что глупцы,
          стоя у власти,
Ничтожат сотни мудрецов.
Неумолимость иерархий
Являет грехотворный сказ,
Когда всесилие монархий
Запрашивает злую казнь.
Бытуют ханжеством по праву
Ортодоксальные умы,
Ведь в самых
          просвещенных нравах
Буяют кулуары тьмы.
Лжецов всегда холено тело
И речи сладости полны,
Но души грешны до предела
И мысли смутные черны.
Своей красноречивой вязью
Осыпят благодатью слов,
А за глаза — смешают с грязью
Недальновидных простаков.
Их изощренная натура
Преображает бытие,
Ведь дорога своя им шкура
С местоимением «мое».
Таким — раздолье в этом мире,
В его условиях лихих,
Где формируются в эфире

Фигуры низменные их.
Но может быть, тобою, право,
Украсят жуткий эшафот
Или под крики «Браво! Браво!»
С колоды голова спадет.
Беспомощен душевный лик
Среди греховного всесилья,
Где доминирует язык
Жестокосердного насилья.
У злых — величественность судеб
С неумолимостью идей,
Они несправедливо судят
Благонамеренных людей.
Одумайся, пока ты жив,
Переиначить дело это,
Ведь негодяи и ханжи
Не терпят сущности поэта.
Они с неистовостью лжи
Буяют злобою подложно,
Где умерший Сократ лежит,
Убитый яростью ничтожно.
Коварностью лихих стремлений
Здесь обнажились сотни жал,
Ведь ни один великий гений
От воздаянья не сбежал.
Возможно, праведный ответ
Подвигнет к жизненному краху
И ты отверженностью лет
Поддашься пагубному страху.
Или беснующийся свет
Тебя неистово затравит
И жуткий посиневший след
Тогда на шее смерть оставит.

Праведник:

Возжаждав Истине служить,
В шальную жизненную смуту
Поэты жаждут отдалить
Свою летальную минуту.

Дьявол:

Амбициозно и жестоко
Был выигран смертельный блиц
Всесильем Времени и Рока —
Всевластьем яростных убийц!

Праведник:

Отвергнув низменность порока,
Деянья светлые верша,
Поэты гибнут раньше срока,
Блаженством Истины дыша.

Дьявол:

Твои познанья слишком скудны
О мире, что предельно прост,
Реальностью любой секунды
Являющем духовный рост.
Он вдохновляет вас и судит,
Творя Вселенское табу,
Чтоб миллионы разных судеб
В одну соединять Судьбу.
С людьми он чрезвычайно строг,
И велика за все расплата…

Праведник:

Вселенский жизненный чертог
Свои распахивает врата.

Смерть — энтропия* Мирозданья
И дегенерационный цикл
Преображенья созиданья
Универсальной матрицы.
Градациями изменений
Для человеческой души
Бытует много измерений,
Дающих жизненно вершить.
Господь величьем созиданья
Творит уверенно, дабы
Преображением сознанья
Являть критерии Судьбы.
Душа, найдя в огромном мире
Космологический резон,
Переформирует в эфире
Божественный диапазон.
Ведь космоэволюционной схемой
Всевышний истинно вершит,
Чтоб интегральною системой
Шло восхождение души.
Благословенным постиженьем
Суперинформационной сети
Поднял ее преображенье
До сверхформации бессмертья.
Есть динамическая ясность
В энергоритмах бионорм —
Гомологическая разность
Контрастных измененных форм.
Вмещая душу в своды тела,

---

* Энтропі́я (от др.-греч. ἐντροπία — поворот, превращение) — широко используемый в естественных и точных науках термин. Впервые введен в рамках термодинамики как функция состояния термодинамической системы, определяющая меру необратимого рассеивания энергии.

*Господь творит духовный сан,
Чтобы структура тяготела
К разноименным полюсам.*

Дьявол:

Все в мирозданной круговерти
Законом Истины живут:
О том, что будет после смерти,
Фактически не узнают.
Ушедшие невозвращенцы
Покоятся в сырой земле:
Цари, рабы и отщепенцы,
Прожившие в коварном зле.
Столетьями умы пытались
Проникнуть в тайны Бытия,
Но безвозвратно оказались
За жуткой гранью забытья.
Среди житейской круговерти
Вовеки не найти ответ,
Так что не стоит мир, поверьте,
Делить на «тот» и «этот» свет.
Универсальная астральность
Тебе неведома сполна,
Ведь виртуальная реальность
Загадками окружена.
Отвергнув правды неуместность,
Ты должен четко уяснить,
Что, постигая неизвестность,
Есть шанс известное забыть!

Праведник:

*Душа — магический фрактал
Многообразья созиданья,*

*Духовный сверхпотенциал
Энергосферы Мирозданья.
Она не ведает границ
Познанья во Вселенской гамме,
Где множество контрастных лиц
Бытует в жизненной программе.
Она — божественный исток,
Который мудростью священной
Питает жизненный поток
Высоконравственной Вселенной.
Формированием основ
Космогенерационной сети
В ней изобилие миров
Контрастами тысячелетий.
Нося неоспоримый чин
В энергосфере Мирозданья
Она — мерило величин
Божественного Созиданья.
Она — универсальный пик
Животворящего соцветья,
Энергоинформационный лик
Благословенного бессмертья.
Среди космической дали
Живем Божественным началом...*

Дьявол:

Сферический объем Земли
Творит своим потенциалом.
Любой плебей или кумир
В среде божественного смысла
Преображает этот мир
Потоками контрастных мыслей.
Универсальною мозаикой

Слагается судьба людей
Среди лачуг,
           роскошных замков,
Сомнений, поисков, идей.
 Народы рушат, созидают,
 Бесчинствуют, боготворят
 И окончательно не знают,
 Зачем плеяды дел творят.
 Но коль все разложить
                по полкам,
Чтоб свет познанья не зачах,
То люди склонны к кривотолкам
В своих сценических речах.
Полифоническим сознаньем
Они в теченье многих лет
Пытались сферы Мирозданья
Под свой подстроить интеллект.
Все планомерно искажая,
Бытует нравственность умов,
Позоря или возвышая
Интерпретациями слов.
Они реальность изменяют,
Столь изощренно говорят,
Что белое все очерняют,
А черное — вмиг обелят.
Любая сущность на планете
В многообразии своем
Являет жизнь в
           контрастном свете
Аналитическим умом.
Среди неистового мира
Неутомимостью своей
Тот намечается в кумиры,

Кто будет яростней, сильней.
Фундаментальною скрижалью
Гласит грехотворящий слог
То, что Божественной моралью
Никто еще прожить не смог.
В душе — обилие эмоций,
Ведь человек духовно пуст
Без динамических пропорций,
Слагающих систему чувств.
Преобладая высшей сферой
Многообразия причин,
Сознание вселенской мерой
Меняет образность личин.
В божественном сосуде — пусто,
А в остальных — лихая тьма,
Где ненавидящее чувство
Являет пагубность ума.

Праведник:

Сей мир — логическою пробой
Универсальности своей
Глупцов напитывает злобой,
А мудрых — делает добрей.
Процесс создания всего
Творит космическим прогрессом…

Дьявол:

Где мировое естество
Своим преобладает весом.
Жизнь исторически менялась
Преображением идей,
Но неизменною осталась
Судьба талантливых людей.

Их благородное ученье —
Ортодоксальности сродни,
Наперекор судьбы теченью
Влачащее лихие дни.
Творцы отвержены доныне,
Попавшие в духовный плен,
Как вопиющие в пустыне,
Не ожидая перемен.
Они слагают ряд теорий
Многообразия причин
Неповторимых аллегорий
Трансцендентальных величин.
Преобразив свое сознанье,
Премудро выдают затем
Гипотетичность Мирозданья
В универсальности систем.
Расширил мудрости границы
Высоконравственный подход.

Праведник:

Но открывают единицы,
А воплощает — весь народ.

Дьявол:

Земля в неистовом затмении,
Космологической судьбой,
Не замечает то, как гении
Уходят молча в мир иной.
Они сникают незаметно,
Умытые потоком слез,
Среди невероятных грез...

Праведник:
Идея гения бессмертна!
Прогресс
 Вселенского Сознанья,
Являя свой потенциал,
Многообразьем созиданья
Творит духовный ареал.
Динамикою постижений
Космологических основ
Слагает неустанно гений
Интерпретации миров.
Высоконравственностью
 смысла,
Благословенною мечтой,
Он устремлениями мысли
Добьется истины святой.
Все Мирозданье идеально
Слагает жизненную суть,
Где от обычного до тайны —
Логически короткий путь.
И здесь неразличимы грани
Миров, но знает правду тот,
Кто и в обычном видит тайну.

Дьявол:
Но иногда — наоборот.
Интерпретациями мысли
Я укажу духовный путь
К мирам
 мистического смысла,
Являющим земную суть.

Праведник:
Свет Разума проникновенно,
Потенциальностью идей
Преображает вдохновенно
Цивилизацию людей.
В метафизическом эфире —
Творения Вселенский смысл,
И в каждом разноликом мире
Заложена благая мысль.
Ведь сущности, что наполняют
Энергосферу Бытия,
Универсально отражают
Апофеоз развития.
У всех контрастные структуры,
Носящие духовный ген,
И каждая творит натура
Энергетический обмен.
Всесилием потенциала
Вершат от Первого лица…

Дьявол:
Чтоб глупость разум дополняла,
Дурак учил жить мудреца?
*Людей ничтожных и великих,
Погрязших в пагубных мирих,*
Запечатляют в разных ликах
При одинаковых делах.
*Грехотворящая реальность
Должна Созданье исказить,
Найдя в бездарном «гениальность»,
Чтоб в гении ее убить!*
…Умрут безвестные пророки,
Сомкнув холодные уста,

Затравлены и одиноки,
В глухих, нехоженых местах.
Они кощунственно убиты
Негодованием невежд
И безысходностью зарыты
С обилием святых надежд.
Им незначительный дан срок
Для гениальных достижений,
Ведь демонический порок
Приносит силу сокрушений.

Праведник:

Они идеями святыми
Являют Истины лицо…

Дьявол:

Увековечивая имя
Среди неистовых глупцов.
И что слагаются созвучно
Им дифирамбы и стихи, —
Так это — единичный случай,
Когда низам поют верхи.

Праведник:

Но гений — праведный кумир —
Проникновенностью сознанья
Преобразовывает мир
В потенциале созиданья.
Ему намечено явить
Всесилье жизненного смысла
И Мироздание творить
Высоконравственностью мысли.
Ему прозрением дано
Дарить вселенские надежды…

Дьявол:

Неугомонно все равно
Его преследуют невежды!
У гениев — своя среда
Благословением морали,
За что их глупые всегда
Неимоверно презирали.
Предавшихся благой мечте
Без видимого основанья
Жизнь заставляла в нищете
Влачить свое существованье.
Хоть ум их гениальным был,
Питая светлые надежды,
Но он-то их не прокормил,
Не дал ни крова, ни одежды.
Любое мировое семя
Имеет чувственный исток,
Чтоб, не опережая время,
Пустить живительный росток.
Является в духовном чуде
Священный жизненный итог.

Праведник:

Хоть гонят их коварно люди,
Зато благословляет Бог!
Они — прозрение из тьмы
Многообразьем созиданья…

Дьявол:

Ортодоксальные умы
Преображают Мирозданье.
Великосветские мужи
Вторят тщеславному устою,

И гений в кулуарах лжи
У них влачится под пятою.
Так слава ясная порой
Посредственности достается
«Благословенностью святой»,
В которой Вечность изольется.
Извечно «светочи науки»
Деянья подлые творят,
На чьем-то деле грея руки,
Все переделав на свой лад.
Ведь гении — столпы сознанья,
Что генерацией своей
Преображают Мирозданье
В плеядах благодатных дней.

Праведник:
У гениев мечта забыта
Про деньги, славу и почет,
Их не волнуют сферы быта,
А жизнь открытьями влечет.
Благословенным стать изволит
И вечность предопределит
Лишь тот, кто Истину глаголит
И добродетельно вершит.
Мудрец божественным прологом
Являет нравственность всегда,
Отождествив вселенским слогом
Духовность светлого труда.

Дьявол:
Лжецы фатальностью событья
Творца убьют, чтобы засим
Потенциальное открытье

Отметить именем своим.
Реальность тайнами покрыта,
И гений от нее далек,
Уничтожаясь сферой быта,
Как жизнедейственный исток.
Глупцы шальною круговертью
Его совсем не признают,
Чтоб, насладившись
          жуткой смертью,
Переиначить светлый труд.
Они все механизмы знают,
Как гения со света сжить,
И доступ к миру прикрывают
Ничтожностью коварной лжи.

Праведник:
Они, теории создав,
Усердно изучают свет,
Познав материи состав,
Но жизни в их открытьях нет.
Творя свой исполинский труд
С немыслимыми скоростями,
Они логически идут
Неэффективными путями.
Пытаясь истину попять
Усилием своих стремлений,
Им никогда не осознать
Того, как созидает гений.
Он открывает ту деталь,
Которая не видна людям,
Явив божественную даль,
Где мы преображенно будем.
Ступая праведностью мысли

По мирозданному пути,
Он верен жизненному смыслу,
Чтобы прозренье обрести.
Неутомимым созиданьем
Высоконравственных идей
Наполнит светлое сознанье
Цивилизации людей.

Дьявол:
В пылу загадочных вопросов
На всем реальном — тайны тень.

Праведник:
Все гениальное столь просто,
Как благодатный Божий День.

Дьявол:
Парадоксальное участье —
Величьем светлого венца:
Несчастье порождает счастье,
Начало — ипостась конца.
Ваш мозг — апофеоз созданья
Космологических основ,
Полифонией созиданья
Творящий множество миров.
Сформировав мировоззренье
Высоконравственностью чувств,
Всесильем одухотворенья
Являет свет наук, искусств.
Он в черепном лежит укрытьи
Универсальностью своей,
Координацией развитья
Теологических вещей.
Неисчерпаемостью смысла

*Программы составляет он,
Спрягая логикою мыслей
Энергоинформационный фон.
Благословеньем осознанья
Являя сверхпотенциал,
Всесильем преобразованья
Творит Вселенский ареал.
Планета — сфера созиданья,
Где информации поток
Он генерирует в сознаньи
За жизнедеятельный срок.
Он — семантический транслятор
Энергоритмов Естества,
Иммуногенный индикатор
Потенциалов существа.
Он — информационный импульс
Могучей силы космогенной,
Логический энергосинтез
Трансгенерации Вселенной.
Он — жизнедейственный ментал
Многообразья Мирозданья,
Магический потенциал
Универсального Созданья.
Полифоническим сознаньем
Вершит плеядой перемен,
Преображая Мирозданье
Сквозь информации обмен.
Являя жизненные звенья
Энергетических веществ,
Он — субсистема управленья
Биологических существ.
А люди, любопытным разом,
Копаются в своих мозгах,*

Пытаясь обнаружить Разум,
Как Время в кварцевых часах.
Ведь созидательный критерий,
Которым ныне ты ведом,
Преобладает в должной мере
И над физическим трудом.
Мозг
    жизнедейственность итожит
И, трансформируя себя,
Слагает, разделяет, множит,
Миры сознаньем теребя.
Но от морального наитья
Он достигает одного:
Творит великие открытья
Для сничтоженья своего.
Запомни разумом навечно,
Что добродетельная мысль
Невероятно скоротечно
Преображает организм.
Идеей светлой богатея,
Обязан четко уяснить:
Чем станет человек глупее,
Тем дольше в мире будет жить!
Один логически вникает
В космическое Естество,
Но постепенно понимает,
Что сам не знает ничего.
Другой в наигранной манере
Пытается абсурд нести
И убежден, что в полной мере
Он Мироздание постиг.
Ты прозябаешь, безусловно,
С иллюзией наедине.

Праведник:

Чем будет человек духовней,
Тем меньше жаждет благ извне!
Ведь лучше воспарять душою,
Оставив благотворный след,
Чем с эксцентричностью лихою
Бродить по миру много лет.
Но коль уж явно подытожил
Несбыточность моей мечты —
Важнее то, не сколько прожил,
А сколько в жизни сделал ты.
Чем убедительней границы
Высоконравственных основ,
Тем жизнедейственнее лица
Космологических миров.

Дьявол:

С неумолимостью порока
Твоя преобразится мысль,
Хоть ты привык
        граничность срока
Закладывать в бессмертный смысл.
Душа изменчива, не скрою,
Но и дурак Творенью рад,
Ведь шутит над другим порою,
Хоть сам глупее во сто крат.
Являя грешную зацепку,
Воспламеняется сполна…

Праведник:

В чужом глазу увидев щепку,
Не чувствуешь в своем бревна!

Дьявол:

Сей мир не может жить иначе
Универсальностью своей:
Богач становится богаче,
Бедняк становится бедней!

Праведник:

Мудрейший на чужих ошибках
Научится своим умом,
А вот глупец не слишком шибко
Творит логическим трудом.

Дьявол:

Безумному всегда неймётся
Себя на каверзы обречь,
Ведь только он успел обжечься,
Как снова руку тянет в печь.
Но люди есть, что не глупы,
Ведь было сказано Шекспиром,
Что из обычной скорлупы
Возможно управленье миром.
Универсальные причины
Являют Истины лицо,
Когда коварный дурачина
Уничтожает мудрецов.
Творя подложную игру,
Он всех заведомо обманет,
А сам на царственном пиру
Бахвалиться грехами станет.

Праведник:

Ты мне о смерти не втори
Миров греховные морали.

Дьявол:

Сначала в нищете умри
Затем, чтобы тебя признали!
Вернувшись к грешному подлогу,
Творящему земной исход,
Коварные живут подолгу,
А добрые — наоборот.
Несправедливо ведь бывает
Всегда с Господней стороны:
Он добрых жизнью обделяет,
Хотя и так они бедны.

Праведник:

Тебе намеренно осталось
Хвалить грехотворящий лад,
Хоть жизнь одним —
               сплошная радость,
Другим — невыносимый ад,
И в мирозданной круговерти,
Где созидание идет,
Бедняк желает скорой смерти,
Богатый же — наоборот.
Альтернативою участья
Благонамеренных порук
Порою смерть
           приходит счастьем
Финала бесконечных мук.

Дьявол:

Богатым радостно досталось
Пожить в греховном мираже,
А нищим пагубно осталось
Прискорбно мыслить о душе.

Ты много смыслового груза
Вложил в дилемму Бытия,
Но непомерною обузой
Нравоучительность твоя.
Искоренением вопроса
Мудрейшие всегда правы
В том, что,
         не видя дальше носа,
Не прыгнешь выше головы.
Многообразьем изменений
Энергетических частот
Великий благородный гений
Меняет мирозданный код.
Но Бог пред глупостью бессилен,
Ведь люди ценятся, увы,
Не по количеству извилин,
А по объему головы.
Тебе отчаянно осталось
Творить бесплодные дела,
Ведь мощность тела исчерпалась…

Праведник:
Но сила духа возросла!

Дьявол:
Высоконравственной душою
Ты соблюдаешь жесткий пост?

Праведник:
Так созидательной мечтою
Являют в будущее мост.

Дьявол:

Он сутью чрезвычайно хлипок.
Непререкаемостью зла
Проявится стезя ошибок,
Что праведность преподнесла.
Не уподобься сохлой ветке
На человеческом веку,
Ведь птицу приучают к клетке,
Как и собаку к поводку.
Но каждый участью доволен,
Чтобы хозяину служить,
Предпочитая сытость — воле
На всю оставшуюся жизнь.
Творя духовную дорогу
Неутомимостью идей,
Ты стал немного ближе к Богу,
Но отдаленней от людей.
Влеченье верности слепое
Тебя отчаянно ведет.

Праведник:

Благодеяние святое
Целенаправленно растет!
Неистовою круговертью
Являешь пагубный раздор?

Дьявол:

Извечно Жизнь ведет со Смертью
Контрастный мирозданный спор.
В противоборстве властных нот
Победу празднует хитрейший:

Не ты, так он тебя убьет —
Твой враг неистовый и злейший.
Всегда естественный отбор
Ничтожит мир бесчеловечно,
Но коль идешь наперекор —
Тогда у власти будешь вечно!
Возжаждав Истине служить,
Пойми логическим сознаньем,
Как хитростью на свете жить,
Вступая в споры с Мирозданьем,
И действенный совет используй,
Как изворотливость являть.

Праведник:

Но по земле рожденный ползать
Уж не научится летать.
Нелепы злобные усилья
Преображенье совершить,
Взрастив божественные крылья
У демонической души.

Дьявол:

Как пониманьем ни крути,
Но люди явно лицезрели,
Что хороши им все пути
Для достиженья злобной цели.
Среди реальности немилой,
С неумолимостью лихой,
Одни преобладают силой,
Другие — вескою мошной.
И пусть старается напрасно
Вселенский Разум объяснить
То, что извечные контрасты

Должны гармониею жить.
Но Время пагубным итогом
Всех напластовывает в прах:
И тех, кто чист был перед Богом,
И тех, кто весь погряз в грехах.

Праведник:

Миротворенье не оспоришь
Ортодоксальностью, но лишь,
Чем глубже в прошлое посмотришь,
Тем явней будущее зришь!
Расставит Время безупречно
В структуризации Вселенной
Все, что мгновенно и что вечно,
То, что бессмертно и что тленно.
Познает жизненный закон
Тот, кто стезей благоволящей
Все созидает в настоящем
Во славу будущих времен.
Неоспоримостью лихою
Иглу в мешке не утаишь…

Дьявол:

Преображенностью святою
Сознание не удивишь!
Вдруг обетованная дальность
Окажется совсем пустой,
Коль мирозданная реальность
Всегда расходится с мечтой.
Неимоверно осторожно
Благотворение губя,
Ты разглядишь,
          как все здесь ложно…

Праведник:

Заставив обмануть себя?
Тенденциями превосходства
Психологических вершин
Является противоборство
Высоконравственной души.
Но коль захочешь ты упорно
Обмана завертеть волчок,
То сам немедленно, бесспорно,
На хитрый попадешь крючок!
Желаешь утвердиться рангом
Своих безнравственных идей —
К тебе эффектом бумеранга
Вернется пагубность затей.
Мы добродетельнее будем,
Ведь в человеческой судьбе,
Как сам ты отнесешься к людям —
Вот так же и они к тебе.

Дьявол:

Благоразумная структура
Испепеляется во прах,
А грехотворная натура
Преображается в веках.
Планета во вселенском праве
Меняет низменностью лиц
Переплетенье жуткой яви
Среди безнравственных границ.
Проникновенные тирады
Высоконравственных надежд —
Эйфории убогой Правды
В устах кощунственных невежд.
Божественные перемены,

Носящие Вселенский сан, —
Отождествление измены,
Где укрывается Обман.
Все Мирозданье заполняет
Обилие коварных рож…

Праведник:

Мудрец всецело понимает,
Где кроется лихая ложь!
Методологией сравнений
Являя мирозданный путь,
Творим формат разграничений,
Вершащий жизненную суть.
Решив проблему созиданья,
Которую судьба дала,
Приобретаем смысл познанья
Дилеммою Добра и Зла.

Дьявол:

Твержу с неумолимым смыслом,
Что все — порочности рабы,
Ведь в кулуарах светлой жизни
Есть ухищрения судьбы.
К народу вечно запоздало
Приходит праведность идей,
И здесь определенно мало
Знать психологию людей.
Раскрой свои пошире очи
На мир, что у лихой межи,
В дилеммах дня и темной ночи,
Добра и зла, любви и лжи.
Планета вечных катаклизмов
Преображается сполна

Системами антагонизмов,
В которых сущность рождена.
Мое понятие не ложно:
Поделен мир наполовину,
Но отыскать всегда возможно
Логическую середину.

Праведник:

Диаметрально наши взгляды
Простую истину твердят
О том, что разные заряды
В один слагаются разряд.
Тебе милее, несомненно,
Натуры двойственной игры —
Те, что пред нищими надменны,
А пред богатыми — добры.
Живем мы умудренным родом
Величественных праотцов.

Дьявол:

Жизнь, наряду с благим народом,
Воспроизводит подлецов.
Они планету обживают
Стезею быта своего
И однозначно составляют
Немереное большинство.

Праведник:

Энергоформой поколений,
Потенциальностью миров
Рождается великий гений
Космологических основ.

Дьявол:

Но здесь не властен
              слог наречий.
Являя Истины лицо,
Возник язык противоречий
У мирозданных мудрецов.
Разнообразием морали
Стал основательный расчет:
Одни идеи воплощали,
Другие — жили за их счет.
Кто прожигал век в дерзкой страсти,
Кто добывал свой хлеб горбом…

Праведник:

Посредством перемены власти
Хозяин может стать рабом.
Но чрезвычайно неуместно
Вторить бунтарскому суду,
Ведь каждому и повсеместно
Должно воздаться по труду.

Дьявол:

В гипотетических мечтах
Витают равенство и братство,
Ведь свет лежит на трех китах:
Власть, честолюбие, богатство.
Ваш мир устроен столь контрастно,
Приемля злобную печать,
Чтоб мудрость не могла всевластно
Порабощать и подчинять,
Но если сей закон нарушен
И мудрый обретает власть,
То постепенно его душу
Заполнит низменная страсть.

Законы Бытия сложились
Так, чтобы Правде не везло
И Ум с Добром в низах влачились,
А миром управляло Зло.
Цари неистово упорно
Являют подлый оборот…

Праведник:

Но выбирает их народ!

Дьявол:

Народ — толпа людей покорных,
Где управляют «пастухи»,
Которые всегда бесспорно
Творят коварные грехи.
Ведь власть немыслимых налогов
Преображается сполна
Путем кощунственных подлогов,
Которыми вершит она.
Наивному народу скажут,
Что был правитель — негодяй,
И нового царя обяжут
Служить, немного погодя.
Но если низменные страсти
Все повернут наоборот,
То верноподданный народ
Вернет царя ушедшей власти
И все, что пагубно забыто,
Припомнит нерадиво вновь,
Ведь добродетельное мыто —
Дарить правителям любовь.
С благой покорностью взирают
Рабы на нового царя,

Что, коль прикажет — разрушают,
Деянья дерзкие творя.
И поглощается могилой
Толпа отчаянных глупцов,
Что существует вечной силой
Для возведения дворцов.

Праведник:

Хоть ты могуществом сознанья
В народе видишь дурака,
Случаются порой восстанья,
Как бунт с подачи Спартака.
Сей легендарный гладиатор
Великим подвигом своим
Заставил содрогнуться Рим,
Которым правил император.
Желая праведною честью
Повергнуть низменный позор,
Он поразил мечом возмездья
Когорты ненавистных свор.
Тогда правители узнали,
Как погибать в лихих бунтах!

Дьявол:

Восставших дерзостно распяли
И уничтожили во прах.
Но эта яростная вспышка
Разгорячившихся умов
Явилась пагубным излишком
Кровавых дел и злобных слов.
Восстаниями непременно
Буяет жуткая среда,
Где каждый подвиг, несомненно,

Хранит История всегда.
Стезей коварного подлога
Все измененно до основ.
Их повсеместно было много —
Таких, как Разин, Пугачев...
Тенденцией размежеванья
На низ, прослойку и верхи
Вы брошены на выживанье
В объятия земных стихий.
Так в Мироздании ведется,
Что управляет злобный лад...

Праведник.

Один Всевышний разберется,
Кто во всех бедах виноват.
Мировоззреньем вольнодумным
Открою Истины лицо...

Дьявол:

Народ таким быть должен умным,
Чтоб царь считал его глупцом?
Ты ведь писатель сам и цензор,
Да не мудрее во сто крат,
Чем величавый Юлий Цезарь
Или прославленный Сократ.
Живешь преддверием победы
Всеутверждающих времен,
Чтоб, избежав лихие беды,
Воздвигнуть славный Парфенон?
Вы пребываете в эфире,
Преображая Бытие
В противоборствующем мире,
Где каждой сущности — свое.

Одни страдают в жуткой грязи,
Другие — баловни судьбы,
Но если есть цари и князи,
То существуют и рабы.
Бытуют в тягостной печали
Труда немыслимым горбом.
Кто не хитер был в изначалье,
Тот, несомненно, стал рабом.
Но если явно без боязни
Рабы порой себя вели,
То их на массовые казни
Нагими толпами вели.

Праведник:

Но начиная оголтело
Коварной яростью буять,
Цари уничтожают тело,
Им душу не дано распять.
Ведь в мирозданном обороте,
Где время действует спеша,
Приемлема порочность плоти
И неприемлема душа.
Цари неистово жестоко
Преображаются во зле
Для явного продленья срока
Негодованья на земле.
Любой судьбою взбудоражен,
Являя пагубный подлог,
Ведь для лихой натуры важен
Всепобеждающий итог.
Нередко мир с открытой злобой
Глядит на подлый оборот,
Как царь с набитою утробой

Уничтожает свой народ.
Чем больше человек желает
Величия, имея власть,
Тем он сильнее разжигает
Свою безнравственную страсть.
Но есть пределы злодеянья
Для всех носящих высший чин,
Где торжествуют покаранья
Неумолимых гильотин.
Коварность яростного часа
Являет жизненный исход,
Когда неразделимой массой
Царю покажется народ.
Грядет апофеоз кипенья,
И революция порой,
Превозмогая грань терпенья,
Сметает ненавистный строй.
Разбушевавшимся Колоссом
Народ свергает иногда
Тех карликов, которых носит
На шее мрачные года.
Грядут финалы пресыщенья,
Закончив вакханальный цикл,
Когда народные отмщенья
Штурмуют царские дворцы.
Все достигают цели сами,
Взрастая верой на челе,
Ведь те, кто правили мирами,
Давно покоятся в земле…

Дьявол:
Цари о доброте не судят
Всесилием лихих манер,

Преображениями судеб
Творя высокомерье сфер.
Они сражаются словесно,
Уничтожая свой народ,
Чтоб доминировал бесчестно
Грехотворящий оборот.
Царям — блаженная отрада:
Дворцы, угодья, корабли,
Но сколько напоследок надо
Для погребения земли?
Царей кладут в гробы златые,
Припудривая бледность лиц,
Но кто они теперь такие
Среди томительных темниц?
В загробном мире мрачны нравы
И неприглядная среда,
Ведь вы в том измереньи равны
За жуткой гранью — «никогда»!

Праведник:

Порой тираны за года
Уничтожают поколенья…

Дьявол:

На всемогущих иногда
Находят страшные затменья.
Цари, являя самосуд
И обратив народ в калеку,
Преображения несут
От века — к будущему веку.

Праведник:

Как бы ты праведно ни жил
В контрастном времени текущем,

Все то, что в прошлом совершил, —
Придет наследием грядущим!
Неумолимо жуткой новью
Разбесновавшейся среды
Вскипает яростною кровью
Коварность жизненной беды.
Ведь демонически пристрастно
Буяет низменность людей,
Когда неистовость всевластно
Представит пагубность идей.
От вакханалии кровавой
Восстание людей грядет!

Дьявол:

Чем тверже правит царь державой,
Тем шелковей его народ.
Там, где неистовые страсти
Устраивают торжество,
Посредством сумасбродной власти
Преобладает меньшинство.
В непререкаемой манере
Является лихая месть,
Где попраны в безумной мере
Святая правда, совесть, честь.

Праведник:

Наполнив мрачное сознанье
Плеядами лихих идей,
Цари иначат Мирозданье,
Ничтожа праведных людей.
Натурою амбициозной
С грехотворящею душой
Калигула, Нерон и Грозный

Вершили участью шальной.
И кровь невинная бежала
По изувеченной земле,
Где полумертвая лежала
Жизнь на Вселенском алтаре.

Дьявол:

Там, где ты Правду
            рьяно ищешь,
Давно порочная пора.

Праведник:

На мирозданных пепелищах
Взрастают паростки добра.
Через побоище лихое
Переосмысленье грядет.

Дьявол:

Твое деяние благое
Творит логический подход.

Праведник:

Где зло неистово кипело,
Слагая властные права,
Уже давно все опустело
И густо поросла трава.
Но есть
      священные мгновенья,
Где суть познания проста,
Что, отторгая тень забвенья,
Являет мрачные места.
Где положили люди главы
За жизненный счастливый лад…

Дьявол:

Апофеозом скорбной славы
Все насладиться норовят,
Но нет в Истории укора
В том, что мораль всегда пуста,
Когда деяния позора
Приходят в светлые места.
Ты выйди из своей гробницы,
Взглянув в отчаяньи окрест
На беспросветные темницы
И беснованья Лобных мест.
Дух в гармоническом резоне,
Но жизнь — неистовый вампир —
Являет в омраченном тоне
Божественно реальный мир!
Давай сейчас универсально
Миротворение поймем.
Не все в Природе идеально,
Как в механизме часовом,
Ведь формы Жизнью создаются,
Чтоб заселить пустынный свет,
Но лишь пока все соберутся,
Проходит очередность лет.
Усердно ищешь панацею
В определении лихом,
Где заяц сущностью своею
Не уживается со львом.
Добычей станет он мгновенной,
Прожив короткие пути…

Праведник:

Позорно промышлять гиеной
Или шакалом во плоти!

Дьявол:

Спектр зла всегда намного шире
Других, являя мрачный вид,
Ведь не согласье правит в мире,
А выживания инстинкт.
Я истину тебе открою,
Что этот мир — гора костей,
Ведь люди жизнь свою порою
Творят исходами смертей.
Людская алчная натура
В борьбе за пищу и жилье
Меняла светлую культуру
На всемогущество свое.
С неистовостью наслажденья
Идут к пороку в глубину
Путями страстного влеченья
К деньгам, обжорству и вину.
Ведь явно не единым хлебом,
А властью наслаждаться дай,
И жить не под родимым небом,
А разграблять чужбинный край.
Первообразный облик их
Является кошмарным царством.

Праведник:

Сей мир не строился для злых,
Которые живут коварством.
Среди всеобщего смятенья
И неустанной суеты
Сияют лики посвященья
Высоконравственной мечты.
Благословенностью святою,
Ютящейся в сознанье их,

Они творят добро душою
Для обывателей мирских.
Многообразьем созиданья
Преобразовывают жизнь.

Дьявол:

Чрезмерно хилые созданья
Они среди всевластной лжи.
У добрых сердце золотое,
Но разве счастливы они,
Коль в Мирозданьи, как изгои,
Влачат отверженные дни?
Всегда обмануты, забыты,
В гоненьях прозябая век,
Кощунству сплачивают мыто
Измаянностью слезных рек.

Праведник:

Проникновенностью святою
Высоконравственных идей
Они являют свет душою
Для поколения людей.
Ведь человек рожден увидеть
Миротворение Его.

Дьявол:

И, век прожив, возненавидеть
Божественное Естество?
Судьба — космическая повесть,
Отождествляющая Жизнь,
Где даже ревностная совесть
Преображается во лжи.
Пленяет низменная страсть
Сознание стремленьем мрачным:

Дай доброму большую власть —
И станет он безмерно алчным.
Закружат голову ему
Льстецы, интриги, совещанья,
И он забудет посему
Свои былые обещанья
И будет там навеселе
Кутить в неистовой манере,
Ведь все созданья на Земле
Меняются в порочной сфере.
Модификациями мира
Преображают Естество,
Чтоб в генерации эфира
Преобладало старшинство.
Железо вечно обрекают
На двойственность
      мирских услуг:
Мечом в сраженьях убивают,
Но в поле заправляет плуг.
Духовно нет соображенья
Перечеркнуть стезю вреда,
Чтоб вместо средств уничтоженья
Творить орудия труда.
Всем не хватает арсенала,
И опрометчивый народ
Не из мечей кует орала,
А, на беду, — наоборот.
Алмаз веками всевозможно
Творит греховные азы,
Ведь человечество ничтожно
Пред блеском каменной слезы.
Везде познание бытует,
Но истина миров стара,

*Глася, что пушку не волнует
Взрывное действие ядра.
Ум перед красотой немеет,
Змею не растлевает яд,
И каждый нравственно болеет
Величьем собственного «Я».
Метафизически умело
Миротворение познай
И перед тем, как сделать дело,
Его теорию создай.
Законом жизненным вчерашним
Гласит пугливая молва,
Что зверь любой бывает страшным
Под покровительством у Льва.
Блюдя житейские законы,
Любому бытность дорога,
Хоть суслику для обороны
Оленьи не идут рога.
Хоть смелость трусости не пара,
Но величавостью своей,
Примерив шкуру ягуара,
Гиена кажется сильней.
Преображением живучим,
Дающим властные права,
Шакал становится могучим
Над телом умершего льва.
Ты опрометчивей ребенка,
Ведь не нужна в земных краях
Волку — доверчивость ягненка,
Орлу — наивность воробья.
Я изрекаю ныне веще,
Что притязанием натур
Извечно управляют вещи*

Земных безжизненных структур.
Все в Мирозданьи продается
В изменчивые времена —
То, что судьбою вам дается:
Честь, совесть, счастье, имена.
Неблаговидностью участья
Всему на рынке злобном быть.

Праведник:
Приобретая псевдосчастье,
Ты мир не сможешь полюбить.

Дьявол:
Корыстолюбием несложно
Ничтожные дела творить,
Где на чужих несчастьях можно
Благополучие явить.
Мирская грешная картина
Бытует алчностью окрест.
Как схоронить простолюдина?
Могилу вырыть, сделать крест?
Грядут душевные мученья
Для приближенных и родных,
А у могильщиков стремленья —
Побольше денег взять у них.
Ведь не волнуют их страданья!
Грехопадением своим
Все в сумасбродстве Мирозданья
Живут стяжательством лихим.

Праведник:
Всесилием потенциала
Является житейский лад,
Где одному богатства мало,

Другой — копейке медной рад.
Но в Мироздании ведется
Альтернативностью своей,
Чем тяжелей хлеб достается,
Тем он дороже и вкусней!

Дьявол:

Миры контрасты проявляют,
Когда стезями суеты
Одни от сытости буяют,
Другие же — от нищеты.
В дилемме жизненного круга
Судьбой проведена черта:
Богач не ищет в бедном друга,
Голодный — сытым не чета.

Праведник:

Внемля содействию благому,
Творящему земной контраст,
Немой укажет путь слепому
И бедный нищему подаст.
Тенденцией непониманья
Творит неистовость нутра,
Но благостью существованья
Взрастают паростки Добра,
И не пройдут стезей бездушья
Все мимо тягостной беды…

Дьявол:

Есть воплощенья равнодушья
У человеческой среды!
С их молчаливого согласья
Творятся бедствия кругом,
Они в добре не ищут счастья,

Найдя себя совсем в другом.
Бог вместо сердца
            дал им льдину,
Душа их — пагубный кристалл,
Знать, золотую середину
Он сам им четко выбирал.
Тебе я ныне повествую
О том, как тело уберечь.

(про себя):
Из дела малого большую
Корысть не жаждет он извлечь.

(вслух):
Беды коварное ненастье
Преображает даже Зло.
Ушло от человека счастье,
Да тут несчастье помогло.
Теряя жизненную силу,
Отчаяньем душевных мук
Копал бедняк себе могилу
И вырыл золота сундук.
Так явно
       благодатным смыслом
Пришла усладная пора,
Которая теченьем жизни
Приносит худо от добра.
Освободи свое сознанье
От иллюзорности мечты.

Праведник:
Дух выражает созиданье
Благословенной доброты.

Ведь я с восторженностью мысли
Ходил у зла на поводу,
Нелепостью порочной жизни
Грехов являя череду.

Дьявол:

Все Мироздание подложно
Являет жизненную суть,
Где свод благих поступков можно
Одним проступком зачеркнуть
И Правду властно уличить
В том, что она
        промозгла ложью!
Добро от зла не отличить
Среди греховного подножья.
Допустим, ты врага убил
В открытом ратоборском споре.
Одним добро ты сотворил,
Другим — немыслимое горе.
Поджог негодник совершил,
Крыльцо пожарищем пылало,
Ты прибежал и потушил —
Без зла добра бы не бывало!

Праведник:

Я не способен убивать
С лихой идеей — брат на брата.

Дьявол:

Но все же властен отличать
Восход от тусклого заката.
Обилием душевных чувств
Внемли премудрому понятью:

Подъем усиливает спуск,
Хвала предшествует проклятью.
Вторя кощунственному ладу,
Вершится подлый оборот,
Где мудрого казнят за правду,
А глупый — царствует и лжет.

Праведник:

Занятие царей лихое:
Насытившись грехами всласть,
Они, ругаясь меж собою,
Воюют за земную власть.
Всегда сражаются без толку
За мировой великий трон
И осчастливливают только
Желудки падальных ворон.
Из-за такого псевдосчастья
Немало горя на земле,
Ведь нерадивостью участья
Цари присутствуют в игре.
Они духовное ничтожат,
Являя низменную страсть,
Не зная никогда, что тоже
Над ними существует власть.
Как в ратоборском поединке,
Правитель сильно уязвим,
Ведь им владеют невидимки,
Для коих он всецело зрим.
Веленьем властным кукловода,
Приемля пагубную лесть,
Царь пред обличием народа
Теряет собственную честь.

Дьявол:

Цари приходят и уходят,
Но вечно остаются те,
Кто лицемерием восходят,
Предавшись мнимой доброте.
Льстецы изысканностью слога
Всегда елейный носят грим,
Служа у черта и у Бога,
Иль одновременно двоим.
И, перевоплощаясь быстро,
Льстец лизоблюдничать спешит,
От сладословья — к подхалимству
Излившись хитростью души.
Здесь изворотливость уместна,
Ведь под тяжелою рукой
У дуба ветка быстро треснет,
А ива — выгнется дугой.
Все нерадиво обитают
В преображениях идей,
Как пчелы,
    что совсем не знают
О высшем разуме людей.
Владык, по праву, скоротечно
Бегут правления года,
А все льстецы бытуют вечно
Стезей словесного вреда.
Вторя елейные тирады,
Они умеют так сказать
К великолепию услады
Царя, чтоб тот закрыл глаза.
Пусть лесть течет из уст народа,
Благообразностью нежна,

Вкуснее липового меда,
Хмельней душистого вина.
Себя заставив
        страстно слушать,
Умея патокою течь,
Усладно обольщает души
Ее магическая речь.
Вы на нее чрезмерно падки,
Ведь из стремленья своего
Она скрывает недостатки,
Приукрашая Естество.
Всегда иллюзии являет
Благоговением своим,
И неправдивостью сияет
Ее сладкоелейный грим.
Вторя душевные тирады
О добродетели, любви,
Льстецы всесилием услады
Являют почести свои.
Хоть Естество переполняешь
Благословением мечты,
Но чем всевластнее ступаешь,
Тем величавей будешь ты.

      Праведник:
Стезями пагубных услуг
Ты оперируешь веками
И миром властвуешь, но вдруг
Коса греха найдет на камень?
Прозреют люди и поймут,
Что шли неправыми путями…

Дьявол:

Нелепо бесполезный труд —
Справляться с вечными страстями!
Не стоит тягостно стараться
Тушить греховные огни,
Что стали пылко возгораться,
Инстинктам жизненным сродни.
Твое стремленье правомерно —
Свернуть с порочного пути,
Хоть Мирозданье лицемерно,
Как пониманьем ни крути.
Допустим, ты в державной сфере
Имеешь всемогущий вес,
За что тебя в достойной мере
Льстецы возносят до небес.
Животрепещущим елеем
Неподражаемых речей
Твердят наперебой, скорее,
О добродетели твоей.
Они лавируют искусно
Мировоззрением своим,
Но их неискренние чувства
Грядут деянием лихим.
Когда к тебе веленьем рока
Нагрянет жуткая пора,
То отвернутся все жестоко,
Кто подхалимничал вчера.
Наступят злые перемены,
Стирая лестные черты,
Где изощренностью измены
Увидишь негодяйство ты.
Все, кто в тебе души не чаял,
Желая благ и долгих лет,

Пройдут, тебя не замечая,
Злорадно ухмыльнувшись вслед.
Тогда коварною судьбою
Познаешь горестный удел
И уподобишься изгою
Средь тех, кто сладострастно пел.
Но если благодать Фортуны
Тебе вернет былую власть,
То заликуют все трибуны
И будут вновь поклоны класть.
Везде присутствует логичность
Среди житейской новизны,
Где обусловливают личность
Чины или размер мошны!

Праведник:
Но лучше быть обычным нищим,
Живущим силою любви,
Чем на чужбинных пепелищах
Воздвигнуть замки на крови.
Мы мир универсальный строим
Благословенною стезей,
Где трус не властен стать героем,
А вор не создан быть судьей,
И суд земной творит правдиво
Высоконравственный контраст.

Дьявол:
Но прав всегда лишь тот, на диво,
Кто судьям денег больше даст!
Бытуют яростные споры
Критерием альтернатив
О том, кто честные, кто воры,

Кто праведен иль слишком лжив.
На многоплановой планете
Является вопроса знак:
Кто здесь мудрец, на этом свете,
А кто же — истинный дурак?
Земля намеренно молчала
О благоденственных часах,
Но лучше взвесить для начала
Жизнь на космических весах.
Из человеческих стремлений
Определеньем изойдем,
Где логикою рассуждений
Критерий Истины найдем.
Мы убедительно, не ссорясь,
Без злонамеренных помех,
В одну положим чашу совесть,
В другую — многоликий грех
И, в золотую середину
Вложив контрастные миры,
Проявим четкую картину
Вселенской жизненной игры.
Ну а пока нам полуночно
Весы решают этот спор,
Я бы хотел с тобой досрочно
Закончить глупый разговор.
Коль Бытие преображаешь
Величием духовных сфер,
Ответь мне, сколько,
                если знаешь,
На свете существует вер?
Их в Мироздании немало,
Мотивами святых блаженств,
Что выражают идеалы

Высоконравственных божеств.
Они все — разноговорящи,
Но им такой критерий дан,
Чтобы вскипали в мире чаще
Междоусобицы средь стран?

Праведник:

Гармонизируя Природу,
Господь един в миру большом
И к многоликому народу
Приходит в облике святом.
Все человеческие нравы
Бытуют истиной своей.

Дьявол:

Ты ныне вдохновенно, право,
Постиг теорию вещей!
Но утверждения не вещи,
Глася теорию сполна
О том, что иногда две вещи
Одни имеют имена.

Праведник:

Хоть все тобой искажено,
Являясь жизненно объемно,
Но только естество одно
Случается разноименно.

Дьявол:

Внемля святому духовенству,
Неистово греховный свет
Идет к всемирному главенству
Путями жертвенных побед.
Любой коварности подвластен,

Не понимая одного,
Что Бог в том споре безучастен
Всесильем Слова Своего.
Он все проникновенно знает,
Преображая Естество...

Праведник:

Он все созданья понимает,
Но только не они — Его!

Дьявол:

Ответь мне, почему Всевышний
На страны Землю поделил
И этот мир всегда, как лишний,
Своим вниманьем обходил?
Когда губительные войны
Буяли между государств,
Он духом принимал спокойно
Коллизию контрастных царств,
И лишь на мировые всходы
Пролив благословенный свет,
Смягчал житейские невзгоды
Плеядами счастливых лет.

Праведник:

Всевышний в жизненной бразде
Взрастил Вселенские морали.

Дьявол:

Как лицезреть Его везде?
Ведь Облика вы не видали!
Века все молятся пристрастно,
Уверовав, что Бог незрим,
Коль не являлся Он всевластно

Благообразием Своим.
Теологической манерой
Живет в иллюзии святой.

Праведник:
Есть вещи, что, взрастая верой,
Осознаются лишь душой.
Преображая созиданье
Универсальностью своей,
Бог наполняет Мирозданье
Разнообразием идей.
*Тенденциями изменений
Слагается земная жизнь,
Где лабиринты измерений
Являют интегральный смысл.
Единою картиной мира,
Но если логику связать —
Не могут в матрице эфира
Себя друг другу показать.
Мы жизнедейственным стеченьем
Соприкасаемся порой
В космических пересеченьях
С реальностью совсем иной.
И для наглядного примера,
Что гении произвели,
Не все увидят бюст Вольтера,
Запечатленного Дали.
Алгоритмичностью святой
Универсальных изменений
Трансформируется устой
Разноименных измерений.
Не только глядя в телескопы
Преображениями линз,*

Взираем на благие тропы,
Творящие иную жизнь.
В огромном мире все реально
И многомерно вне тебя...

Дьявол:

Но то, что не материально,
Все отторгают от себя.
Тенденциями формализма
Нравоученья своего
Здесь сущность материализма
Порабощает естество.
Дороже ревностная слава
С игрой победоносных струн,
Когда шагаешь величаво
Под ликование трибун,
Когда с неистовым зарядом
Вокруг все празднуют и пьют
И кубки со змеиным ядом
Врагам заздравно подают.
Среди грехотворящей страсти
И сумасбродных панибратств
Один живет стремленьем к власти,
Другой — стяжательством богатств,
И с накоплением процессов,
Творящих злобные черты,
Жизнь в унизительных регрессах
Теряет лики доброты.

Праведник:

Сокровища великих царств
Бессмысленней духовной пищи,
Ведь и цари среди богатств

Сознанием бывают нищи.
Они берут бразды правленья,
Преобразовывая новь
Неукротимостью стремленья
Пить человеческую кровь.
Всевластному всегда неймется
Побольше денег накопить,
Но даже за сундук червонцев
Талант немыслимо купить.

Дьявол:
Давай уверимся в деталях
Высоконравственных программ,
Коль Бог на каменных скрижалях
Законы все представил вам.
Через пророческие руки,
Запретом ревностным своим
Вручил лихие предрассудки,
Чтоб подчинялись четко им.
Поработил людские мысли
Неоспоримый формализм,
Ведь таинства духовной жизни
Предпочитают фанатизм.
Когда безумьем отрешений
К порокам праведность глуха,
Ответь мне, почему на шее
Висит иллюзия греха?
Все однозначно виноваты
За обхождение с Христом,
Вокруг иуды да пилаты,
И каждый — со своим крестом!

Праведник:

Чтобы с вселенским посвященьем
Прозреть духовностью своей,
Мы жизнедейственным
                    свершеньем
Несем багаж святых мощей.
Ведь крест
        для нас — напоминаньем
Об искуплении грехов,
Что нерадивым злодеяньем
Творились множество веков.

Дьявол:

Душа, духовностью пуста,
Погрязнет в сумасбродном гнете,
Когда вы нового Христа
Неоспоримо разопнете
И, не учитывая суть
Неумолимого порока,
Проторите коварный путь
Непререкаемо жестоко.
Находятся в умах у всех
Грехотворящие балласты,
Ведь в сути пагубных помех
Буяют злобные контрасты.
Являет стадное понятье
Разбесновавшийся народ,
Ведь, поучаствовав в распятьи,
Все направляются в приход.
Но чаще яростью подхода
Готовы Правду поругать
И напрямую из прихода
Идут коварно убивать.

Да лишь
        из принципов греховных,
Творящих пагубность интриг,
Извечно судят не виновных,
А исполнителей слепых.
Мотивом перевоплощенья
Неблагонравственной поры
Глупцы — козлами отпущенья
Премудрой жизненной игры.
Среди неистового мира,
От обреченья своего,
Вы сотворяете кумира —
Космическое божество.
В твоем сознании упорно
Величье праведных идей,
Хоть ты к Земле привык,
                      бесспорно,
Как обессилевший Антей.
Твоя душа тоскою стынет,
И обреченность тело сушит,
Ведь туя не растет в пустыне,
А рыба не живет на суше.
Коль ты с планетой породнился,
То почитай ее права,
Ведь в тех местах,
                где ты родился,
Людская властвует молва.
Столь нерадиво поступаешь,
Задумав праведностью жить,
Ведь в коей сфере обитаешь…

Праведник:
С волками жить —
                по-волчьи выть?
Коварным только бы глумиться
Над благодушием Добра,
Вручив святую багряницу
Веленьем властного нутра.
Своим благословенным ликом
В священных жизненных местах
Пришел Всевышний
                в мир великий
В лице Спасителя Христа.
Все искупив грехи людские
Велением святых небес,
Пройдя распятье, Он воскрес,
Уйдя в чертоги неземные.
Мораль Вселенскую итожа,
Приобретя бессмертный вид,
Он напророчил Царство Божье
Всем тем, кто заповеди чтит.
Наступит благостная эра,
Где жизнерадостная новь
Взойдет, как истинная Вера,
Надежда, Правда и Любовь.
Кощунство в этой круговерти
Вновь потерпело полный крах,
Ведь все, кто ждал Иисуса смерти,
Фатально обратились в прах!

Дьявол:
Вы на изменчивой планете
Так уживаетесь с трудом…

Праведник:

Земля —
       универсальный дом
В Божественном
           Вселенском свете.
Гармонизируя Природу
Потенциальностью веществ,
Она роднит огонь и воду,
Растенья, воздух и существ.
Но здесь кощунственным бредом
Твои преобладают мысли…

Дьявол:

Иллюзией твой ум ведом
В познаньи истинного смысла!
Хоть нерадивый «царь Природы»
Забрался разумом в верхи,
Но все бытующие годы
Он в обуянии стихий.
Ведь неустанно созидает,
Не понимая одного,
Что обреченно погибает
От сотворенья своего.
Он поэтапно усложняет
Всепобеждающий прогресс,
Ну а затем вновь упрощает
Метафизический процесс.
Стезей разумного подхода
Люд технодетище создал,
Не осознав то, что Природа —
Неоспоримый Идеал.
Бытует уровнями мысли
Самоуверенный народ

И думает, что правит Жизнью,
Но все совсем наоборот.

Праведник:

Формирование прогресса
Универсальностью умов
Является благим процессом
Высоконравственных основ.
Творя логический критерий,
Господь явил наш организм,
Энергоформами материй
Преобразовывая жизнь.
Создав универсальный комплекс
Вселенского развития,
Он уподобил светлый отпрыск
Для созиданья Бытия.
Ведь ощущение реально
Для всех, кто, разумом верша,
Являет сущность идеально,
Вселенской истиной дыша.

Дьявол:

Творить невероятно сложно
Вселенский светлый ареал,
Хоть ты являешь всевозможно
Логический потенциал.
Отвергни призрачную небыль,
Мерцающую вдалеке!
Зачем тебе журавль в небе,
Когда синица есть в руке?

Праведник:

Коварная затея пестро
Творит плеяды дел лихих...

(про себя):

Из добрых рук сухарик черствый
Милей, чем каравай от злых.

(вслух):

Манишь страстями мировыми
Меня на пагубное дно...

Дьявол:

Где каждому предмету имя
По назначению дано.

(про себя):

Таким стремлением непрочным
Ум перестроиться хотел...

(вслух):

А как в ребенке непорочном
Определить его удел?
Ведь одинаковы все лица
В начале жизненных времен,
Но кто здесь жертва, кто убийца,
Кто будет глуп, а кто — умен?
Земные дни не слишком гладко
Идут несчастьям вопреки,
Хотя Господь дает разгадку
Судьбы на линиях руки.

*Сии бразды пересечений
Любви, здоровья и ума —
Стезями роковых стечений,
Что преподносит Жизнь сама.
Они — универсальный контур
Энергосферы Бытия,
Ответов, мыслями искомых,
В которых истина твоя.*

Праведник:

Формирование морали
Зависит от причин таких:
В какой семье всех воспитали,
В какой среде взрастили их.
Когда дитя на ноги встанет,
Являя благодатный смысл,
Оно логически познает
Науку под названьем «Жизнь».
Увидев сущность Мирозданья
Преображенною душой,
Оно проявит созиданье,
Определяя выбор свой.
Познав Вселенскую дилемму
Гармонии добра и зла,
Решит извечную проблему,
Которую судьба дала.
Благословеньем постижений
Слагая жизненную суть,
Методологией сравнений
Определится верный путь.
Ведь с теми Бог
        бывает искренен,

Кто интуицией ведом
И к осознанью вечных истин
Приходит
        собственным умом.

      Дьявол:

Сперва сознанию милее
Буянье жизненных стихий,
Но чем ты старше, тем сильнее
Клонит замаливать грехи.
Не та становится походка,
Осанка, говор, слух и взор,
Но в разуме небес находка
Решает мысленный раздор.
Натура лишена комфорта,
И вы, с прискорбностью трубя,
Вините в этом Бога, черта,
Но только, право, не себя.
Когда смерть встанет возле цели
И вас запросит, посему
Зовете вы слугу из церкви,
Чтоб исповедаться ему.
Вы все считаете порою,
Что души очищает сказ,
Ну а священники, не скрою,
Обманывают лихо вас.
Ведь тайной о житейских спорах
Не всякий в мире дорожит,
И в захмелевших разговорах
Она огласке подлежит.
Предсмертный сказ
              в объеме малом

Из похождений и интриг
Является материалом
Для анекдотов или книг.
Свод убедительных амбиций,
Которым человек ведом, —
Чреда курьезных репетиций
Перед Божественным Судом.

Праведник:

Те, что познали быль и небыль,
Живут прозреньем на челе.

Дьявол:

Гнездясь сознанием на небе,
Страстями прикипев к земле!
Измучив страждущее тело,
Бытуешь пищею надежд
Затем, чтоб праведное дело
Учило низменных невежд?

Праведник:

Один усердиями мысли
Достигнет блага своего,
Другой течениями жизни
Становится ничтожеством.

Дьявол:

Бог сотворил
  священным словом
Структуру, близкую Ему,
Всесильем нравственной основы
Вручая логику уму.
Заложена духовно в вас
Универсальная программа,

Но люди в сумасбродный час
Выходят из контрольных рамок.
Ведь если разобраться в деле
С причинами вселенских действий,
То гениальность на пределе
Не переходит по наследству.
В развитии любого рода
Мутациям геномным быть,
Когда духовная природа
Сплетает жизненную нить.
Многообразьем изменений
Энергетических частот
Жизнь людям без ограничений
Преображала генокод.
Тенденциями превосходства
Прослеживается та черта,
Что злополучное уродство
Изысканно, как красота.
В полифонии Мирозданья
Запечатляют идеал,
Но гении слабы сознаньем
Копировать Оригинал.
Они страдают каждой гранью
Своих несовершенных форм,
Придать стараясь созиданью
Стандарты животворных норм.
Творцы работали, помногу
Затратив благодатных сил,
Но ведь никто, подобно Богу,
Оригинал не сотворил.
Господь придумал так нарочно,
Чтоб человек миры познал
И, создавая комплекс блочный,

Кибернетичность проявлял.
Преображает сущность рока
Лик человеческой души,
Ведь мерой жизненного срока
Стараетесь судьбу вершить.
Вселенский путь людьми не познан,
Являя уникальный смысл.
От микромира — к ярким звездам
Столь несоизмерима Жизнь.
Проникновенными веками
Порывом духа своего
Все философский ищут камень,
Но не находят ничего.
Благословенные морали
Гласили с истинным трудом
То, что Господь, создав детали,
Творит миры своим умом.

Праведник:
Всевышний в подлинных твореньях
Из органических веществ
Запечатляет в поколеньях
Биопропорции существ.
И здесь не виден лик изъяна,
Ведь каждый индивидуал
Всесильем жизненного сана
Отожествляет идеал.
Великие умы являют
Плоды универсальных дел…

Дьявол:
Но все равно не постигают
Животворения удел.

Духовностью проникновенья
Всевышний Сущность насмешил,
Коль своенравные творенья
Логически не довершил.
Вы в прошлом мало отличались
От безобразных обезьян
И неизменными остались,
Ведь в каждом теле есть изъян.
В потенциале созиданья
Космологических начал
Многообразием сознанья
Преобразится Идеал.
Вселенская судьба являлась
Целенаправленно сама,
Где однозначно не досталось
Одним — добра,
      другим — ума.
Мирам определяют место,
Где жизнедеятельной цепью
Из одного всех лепят теста,
Но по изысканным рецептам.
Ведь неприемлемы морали,
И Бог, являя вещий сказ,
Вращая время по спирали,
Карает справедливо вас.
Живете низменно, убого,
Увидев пагубный исход,
Прося измаянно у Бога
То, что всегда недостает.
Творите силою благою,
Ночами не смыкая глаз,
Желая ощутить душою
Его проникновенный сказ.

Праведник:

Господь создал Адама с Евой,
Прообразами сделав их,
А то, что зарождалось в чревах, —
Деянья грешных дел людских.
Рождаются глупцы, уроды
От демонических утех
Как наказание Природы
За распаляющийся грех,
Ведь все калигулы, пилаты,
Ты в осознание возьми,
Пред Господом всегда горбаты,
Хоть окрыленны пред людьми.
Но мы натурою не звери,
И нужно, искренне любя,
Отдать долги в духовной мере
Тому, кто вырастил тебя.

Дьявол:

Все человечество порочно
Миротворение губя,
Живет определеньем волчьим,
Где каждый — только за себя!

Праведник:

Большое
      множество бессильных
На нашей страждущей земле:
Калек, юродивых и сирот,
Блуждающих в греховной мгле.
Они за нищенским порогом
Влачатся в обреченный час…

Дьявол:

Оправдываясь перед Богом
Измаянно, по многу раз.
Твердят причастные молитвы:
«Помилуй грешников, Господь»,
А на уме — другие виды:
Как бы свою насытить плоть.
Хоть губы шепчут покаянья,
И по щеке течет слеза,
Да вырываются стенанья,
Но только выдают глаза.
Они — магический рефлектор
Душевно потаенных чувств,
И подсознательный детектор
Определит, ты лжец иль трус.
Ведь выдает вас всех отчасти
Такой проникновенный взгляд,
Хоть и священники не часто
Благодеяния творят.
Они, отслуживая строго
Молебен ежедневный свой,
Святые заповеди Бога
Обходят дальней стороной.
Тенденцией противоборства
Являя хитроумный смысл,
Они живут стезей обжорства
На поприще плачевных тризн.
Ведь у наивного народа,
«Деянья светлые» верша,
В церковных ряженых приходах
Все изымают до гроша.
Питаются от приношений
Добра, открыв свои уста,

Не зная бедственных лишений
Под покровительством Христа.
Они, на простодушье люда
Скопив немерено богатств,
Глупцам вселяют веру в чудо,
Что за все благо Бог воздаст.
Им нравятся потоки лести
От нерадивых простаков,
Что мыслью топчутся на месте,
Играя перебором слов.
От неприкаянной тоски,
Являющей святые сени,
Законам жизни вопреки,
Вы падаете на колени.
Увидев грехотворный пир,
В церковных молитесь приходах,
Хотя многообразный мир
Не строится на ветхих сводах.
Как лицемерная гряда,
Возносится мотив великий,
Что созиданье не всегда
Творило благодатным ликом.
Ты ведь пока еще живой,
Но во Вселенской эпопее
Настанет, вероятно, твой
Фатальный день теперь скорее.
Побереги стальные нервы
Среди плетущихся интриг,
Припоминая, как Петр Первый
Ссылал на Соловки расстриг.
Было великое деянье
Петровых благородных сил,
Когда, меняя одеянья,

Он бороды боярам сбрил.
Тогда закончилась свобода —
Вольготным прегрешеньем жить,
За счет наивного народа
Чревоугодие творить.
А ты привык мечты являть,
Играя с Мирозданьем в прятки,
Но если четко поменять
Твои духовные порядки?
Вся жизнь должна преобразиться
От этой перемены мест.

Праведник:

Ты заставляешь торопиться
На праведности ставить крест?

Дьявол:

Когда духовностью ведом
К благонамеренным истокам,
То грех является и сном
Неукоснительно жестоко.
Меняя жизненный удел
Вселенского образованья,
Изматывает чувства тел,
Даря душевные терзанья.
И то, что в памяти подчас
Увяло ликом созиданья,
Он возрождает рьяно в вас
Всесильем властного деянья.
Ведь сон — стезею сокровенной
Многообразья Бытия,
Иллюзией проникновенной
Духовного развития.
Преображая подсознаньем

Энергоинформационный код,
Вселенским миропониманьем
Он сотворение ведет.
Сон —
      многогранный стимулятор
Энергоформы Естества,
Универсальный генератор
Потенциалов существа.
Неповторимостью эйфорий,
Благонамеренностью грез,
Многообразьем аллегорий
В изящности метаморфоз.
Все в виртуальности витают,
Участником событий став,
А поутру не понимают,
Был это сон или же явь.
Всесильем иллюзорной ночи
Магический вселенский транс
Неоспоримостью пророчеств
Видения рождает в вас.
Среди божественной истомы
О безысходности трубя,
Во снах преследуют фантомы,
Лихими страхами губя.

   П р а в е д н и к :
Но кто живет судьбой прозренья,
Вникая в жизненную суть,
Увидит ясность озаренья,
Дающую священный путь.

Дьявол:

Но есть еще одна стезя
Логического смысла мира,
Которую узреть нельзя
В преображениях эфира.
Ее магическую нить
К реальности нельзя причислить:
Одно ты можешь говорить,
Другое — делать,
          тайно — мыслить.

Праведник:

Я осознал сакральность смысла,
Где благонравственность чиста,
Являя праведные мысли,
В которых мира красота.

Дьявол:

Кто убежал от совершенства
Животворящей суеты,
Уходит в стадию блаженства
Всепобеждающей мечты.

Праведник:

Благословенными делами
Многообразия миров
Есть осознание умами
Фундаментальности основ.
Потенциал цивилизаций,
Спрягая жизненный процесс,
Полифонией информаций
Творит космический прогресс.

Дьявол:

Но не чета ты Архимеду
В своей монашеской норе.

(про себя):

Коль не гора уж к Магомету,
Знать, Магомет пойдет к горе.

(вслух):

Хоть Мирозданье созидает
Благословением идей,
Но пагубность уничтожает
Цивилизацию людей.
Идут плеяды поколений,
Как воплотившаяся мысль,
Что сериями достижений
Являют интегральный смысл.
Ведь в изменяющемся мире
Бытует животворный вдох,
Где в динамическом эфире
Витают призраки эпох.
Гармонией проникновенной
Меняется система мер,
Где информация Вселенной
Творит многообразье сфер.

Праведник:

В миротворящей круговерти
Являя жизненный размах,
Добро возносится в Бессмертье,
А зло — ничтожится во прах.
Логическое изначалье
Метафизических основ
Отождествляло зазеркалье

Энергетических миров.
Но Человек сумел сберечь
Добро на животворном лоне,
Преобразовывая речь
Потенциалами гармоний.
Он Универсум изучил
Многообразьем постиженья
И философски изложил
Ортодоксальные ученья.
Космологически вникал
В первоосновы Мирозданья
И планомерно осознал
Полифонию созиданья.
Ядро урана расщепил
И, обуздав огонь и воду,
Неоспоримо подчинил
Универсальную Природу.
Добыл энергию из недр
Первопричинного Начала
Преображениями сфер
Духовного потенциала.
Тенденциями постиженья
Он технологии развил,
Познав механику движенья
Энергоинформационных сил.
Он синтезировал белки,
Мир изменяя ликом мысли…

Дьявол:
Деяния так далеки
От сотворенных сводов жизни.
Не соблюдая в Мирозданьи
Геоструктурный резонанс,

Нарушил темпом созиданья
Экологический баланс.
Стезей безумного подхода,
Что злые мысли обрели,
Из Жизни сотворил урода,
Переиначив лик Земли.

Праведник:

Он медицину изощряет,
Свои болезни победив,
Когда духовно постигает
Энергетический массив.

Дьявол:

Ошибочность народ обрел
В «высоконравственной науке»,
Наделавшей немало зол,
Дарящих тягостные муки.
Избрали вы такой актив,
Который познается легче,
Хотя, недуги излечив,
Строенье органов калечишь.
Творя тотальное влиянье
На уникальный организм,
Врачи, улучшив состоянье,
Вам укорачивают жизнь.
Воздействуя альтернативно
На генетическую нить,
Они творят оперативно,
Где можно Словом исцелить.

Праведник:

Они залечивают раны
У заболевшего народа

И убирают те изъяны,
Которые дала Природа.
Врач применил
            пучковый лазер
Стезею прогрессивных дел
Для микрохирургии глаза,
Коррекцией белковых тел.

Дьявол:

Наполнена сознанья чаша
Преображениями века,
Но лечит медицина ваша
Болезни, а не человека!

Праведник:

Народ усердие явил
Порывами проникновенья
И мир гармоний сотворил
Многообразьем вдохновенья.
Строенье атома открыл,
Проникнув в тайное начало
Вселенских прогрессивных сил
Природного потенциала.
Он бороздит высоты, воды
И за предел Земли слетал…

Дьявол:

Перенимая у Природы
Логический потенциал.

Праведник:

Он созиданием велик.
Познав строенье минералов,
Копирует духовный лик

Природных сверхматериалов.
Ведь интегральную науку
Космологически создал…

Дьявол:
Являя тягостную муку
Через святой потенциал.
Ведь цифры —
        ключ к разгадкам мира
Как информационный шифр
Преображения души
В универсальности эфира.
Тенденцией компонованья
Суперсистемы Бытия
Они — стези формированья
Вселенского развития.
Алгоритмическим порядком
Являя мирозданный быт,
Они — потенциальным ладом
Космологической судьбы.
Метафизичностью сознанья,
Которую Всевышний дал,
В энергосфере созиданья
Спрягаете весь интеграл.
Анализируя циклично
Метрический оригинал,
Не все используют первично
Духовный сверхпотенциал.
Все люди, несомненно, сами
Являют творческую мысль,
Хоть, оперируя вещами,
Не знают мирозданный смысл.
Одни, постичь Природу чая,

Преображают Естество,
Вникая в тайное начало
Определения всего.
Вселенная произрастает
Потенциалом перемен,
Где Бытие отождествляет
Энергетический обмен.
*Многоформатное участье
Являет нравственный исток:
С одним беседа — сладострастье,
С другим — губительный поток.
Коль возжелал Гордиев узел
Рубить Дамокловым мечом,
Знай: мир в грехотворящих узах
На сумасбродство обречен.
Ведь происходит так веками,
Что малодушный род людской
Сперва все делает руками,
А после — мыслит головой.
Вселенная переживает
Неадекватный оборот:
Один — нахальством проживает,
Другой — от скромности умрет.
Вняв злодеянию лихому,
В неблагонравственной судьбе,
Чем больше насолишь другому,
Тем будет сладостней тебе.
Ведь злонамеренная нота
На грехотворном рубеже:
Чем больше горя у кого-то,
Тем радостней твоей душе.
На поприще духовной пашни
Стараетесь миры вершить*

*Величьем Вавилонской башни
Своей возвышенной души.
Ничтожностью лихой боязни
Отвергли грехотворный слог,
Воззрев египетские казни,
Которые устроил Бог.
Пресыщенность безмерной властью
Являет действие свое,
Стяжательно-корыстной страстью
Переполняя бытие.
Блюдя греховные законы
Среди порочной суеты,
Чем явишь низменней поклоны,
Тем величавей станешь ты.
Все неустанно возрастают
Разнообразием в мирах:
Одни из праха созидают,
Другие — все стирают в прах.
В интерпретации развитий
Жизнь неустанно сумасбродит
Структуризацией событий,
Где все стихийно происходит.
Ты, над созданиями горбясь
Трудом сознанья одного,
Сегодня позабудь про гордость,
Чтобы добиться своего.
Все изощряются спесиво
В преображении грехов,
Являя яростною силой
Потоки искрометных слов.
Творя благословенным смыслом,
Ты не свернешь житейских гор,
Являя истинные мысли,*

Как остроумный Пифагор.
Подобно жуткому фантому,
Неблагонравственно у всех,
От дела малого — к большому
Произрастает злобный грех.
Все пагубностью промышляют,
Ведь жизнь — кругом на воре вор,
И каждый рьяно обещает
Величие алмазных гор.
От честного — лихая убыль,
Ведь совестью не проживешь,
Коль дело сделаешь на рубль —
Тебе заплатят медный грош.
Хоть ты в осмысленном порядке
Слагаешь жизни архетип,
Но не найдешь ключа к разгадке
Миров, задумчивый Эдип.

Праведник:

Универсальное сознанье
Биологических существ
Разнообразит созиданье
Преображением веществ.
Одни творят не ради славы
Открытий благодатный свет,
Другие — низменно, по праву,
Добро их обратят во вред.
Высоконравственностью цели
Неиссякаемых блаженств
Наш мир — прообразом модели
Универсальных совершенств.
Жизнь уникально созидает
Всесилием священных нот

Там, где создание являет
Логически-духовный код.
Преображением сознанья
Рождается благая мысль…

Дьявол:
Что в кулуарах Мирозданья
Теряет изначальный смысл.
На изменяющемся фоне
Ослабевает Естество…

Праведник:
Порою дело не в объеме,
А в энергетике его!
Один поточностью являет
Труды серийные, пока
Другой за всю жизнь сотворяет
Шедевр на долгие века.

Дьявол:
Возьми могущества копье,
Покинув пагубный застенок,
Чтобы деяние твое
Приобрело другой оттенок!
Ты был когда-то
        слишком сильным,
Являвшим жизненный исток,
Творя невежеством обильным
Уничтожающий поток.
В энергетической тени
Земля бытует из расчета,
Что все космические дни
Являются стезей отсчета.

Праведник:
Земной универсальный мир,
Благоговением объятый,
Имеет свой ориентир
И четкие координаты.

Дьявол:
Ориентиры не точны,
Всегда указывая дальше
На то, как в сумерках ночных
Их базы затерялись в фальши.
Но стоит только одному
Нарушить целостность гармоний,
Как быть Вселенной посему
В пылу космических агоний,
Ведь жизнедейственность сама,
Устав от бедственных просчетов,
Тайком заимствует ума
У мудрецов и звездочетов.
Стезей отверженной своей
Твоя мечта в неволе стынет.
Как посвященный Моисей,
Бредешь по мировой пустыне.

Праведник:
Но все же он привел тогда
Народ свой в край обетованный…

Дьявол (про себя):
Неблаговидные года
Явили опыт нежеланный.

(вслух):
Когда духовное стремленье
Наполнит немощную плоть,
Тогда является прозренье,
Чтоб обреченье побороть.
Был ты сознанием моложе —
Не шел порочности вразрез…

(про себя):
Орешек твёрденький, но все же
Есть уязвимость, Ахиллес!

(вслух):
Ты не найдешь
          достойный выход
Нигде, никак и никогда.

Праведник:
Но прошлое — моральный вывод…

Дьявол:
Зато грядущее — мечта!
Природа сотворяет смело,
До эмпирического вплоть,
Чтобы все то, что око зрело,
Могла прочувствовать и плоть.
*Лихими таинствами люди
Всегда пытаются гадать,
Стремясь определиться в чуде,
Чтобы грядущее понять.
Когда языческие боги
Пленяли мрачные умы,
Тогда духовные чертоги
Являлись из порочной тьмы.*

*Пришли сакральные гаданья
На помощь жизненным делам,
Магические заклинанья
И предсказанья по рукам.
Всесилье этого процесса,
Явившее оккультный лик,
Слыло магическою мессой,
Где дьявольский вторил язык.
Вняв исторической морали,
Вселенской мудрости исток
Жрецы Египта передали
Всем через карточный порок.
Космологическим деяньем
Является земная жизнь,
Что человеческим сознаньем
Меняет быта рубежи.
Когда жрец дерзостному Гаю
Поход сулил за Рубикон…*

Праведник:

Я Цезаря не порицаю,
Хотя ошибся явно он.
Ему оракулы однажды
Определили бытие…

Дьявол:

Известно, в прорицаньи каждом
Есть искажение свое.
Зачем держать себя в узде
И Господа наивно слушать?

Праведник:

Но льву ли спорить о воде
Или киту судить о суше?

Теперь уверенность моя
Стремится к здравому рассудку.

Дьявол (про себя):
Но все равно заставлю я
Тебя плясать под злую дудку!

(вслух):
Когда считаешь, что наступит
Благословенный Ренессанс,
Тогда пусть мысль твоя приступит
Творить логический баланс.
Душа — потёмки. Так обидно,
Хоть каждый истинно поймет,
Что изнутри фасад не видно
И ведь равно — наоборот.
Противоречия увяжет
Явивший наглые черты:
Никто так о тебе не скажет,
Как это сможешь сделать ты!
Теряете, безумно ссорясь,
Переиначивая быт,
В погоне за деньгами — совесть,
В борьбе за власть — душевный стыд!

Праведник:
Один благословенным смыслом
Творит добро для всех людей,
Другой — дерзает из корысти,
Прикрывшись маскою идей!
Являя жуткие каноны
В лихих безнравственных мирах,

Твои драконовы законы
Преображаются во прах.

Дьявол:

Непримиримая обида
Целенаправленно вершит
Созданьем пагубного вида
Благонамеренной души.
Хоть ты преображаешь явно
Высоконравственный контраст,
Но он ведь для тебя подавно,
Как изнурительный балласт.
Живя своим духовным кругом,
Являешь исповедь о чем?

Праведник:

Палач не может стать хирургом,
Как и целитель — палачом.

Дьявол:

Ты, вероятно, дел немало
В историю Земли вписал.

(про себя):

Всегда духовное начало
Сулит трагический финал.

(вслух):

Любой нелепо сумасбродит,
Благодеяния губя…

Праведник:

Проникновенностью приходит
Познанье самого себя!

Здесь разграничить четко надо
Универсальный склад умов,
Ведь каждому святая правда
Преображает свод основ.
Любой по-своему увидит
Того, кто Истину твердит:
Глупец его возненавидит,
А мудрый — поблагодарит.
Ты разрушаешь Естество,
Как смертоносная отрава,
А я из духа своего
Взрастаю благородным нравом.
Желаю Истину явить
Метаморфозой аллегорий…

Дьявол:
Вовеки не соединить
Все, что произрастает в споре.
Ведь только время зря теряешь,
Надеясь, веря и любя,
Когда духовно созидаешь
Преображением себя.
Переосмысливая сферу
Высоконравственной мечты,
Преобразовываешь меру
Неотразимой красоты?

Праведник:
Разнообразными грехами
Ты разжигаешь злой пожар…

Дьявол (про себя):
Вода, уничтожая пламя,
Частично переходит в пар!

Ты стал немерено умнее,
Духовно изощряя речь.

(вслух):

Решайся разумом скорее
Благословение отсечь!
Я предлагаю дерзкий сговор,
Дающий мирозданный смысл.

Праведник (про себя):

Так неблагоразумный говор
Ничтожит праведную мысль.

(вслух):

Грехотворящий интерес
Многообразие итожит…

Дьявол:

Благонамеренный прогресс
Непонимание умножит.
Ты вник в Божественную суть
Духовной сферой подсознанья.

Праведник:

Логический Вселенский путь
Проложен силою познанья!
Бывает разных состояний
Реликтовое Естество…

Дьявол:

Здесь все зависит от деяний,
Преображающих его!
Народы олицетворяют
Вселенский жизненный предел,
Где души несомненно знают

О важном назначеньи тел.
Но зачастую сущность спора
Космологических дилемм
Решает яблоко раздора,
Явившее мораль проблем.

Праведник:
Желаешь Истину прочесть,
Когда удел твой незавиден.
Эфир вселенский в мире есть,
Хоть человеку он не виден.
Стезями жизненных вершин
Преображая все деянья,
Метафизически вершит
Полифонией Мирозданья.
Он знает каждую деталь
Космологических теорий,
Дифференцируя мораль
Благословенных аллегорий.
Его астрально вещество,
Где мыслеформа растворится,
И наполняют Естество
Элементарные частицы.
Он генерациями лет
С многообразием инерций
Преобразовывает свет
Потенциалами энергий.
Неповторимость созиданья
Преображается сполна!

Дьявол:
Мораль зависит от признанья,
Чем обусловлена она!

Греховный облик не зловещ,
Реальность властна измениться,
Ведь актуально можно вещь
С различных показать позиций.
Всегда объемные фигуры
Вселенского развития
Имеют разные структуры
В энергосфере Бытия.
Ты в трансцендентности витаешь,
Наивно веря небесам,
И сук, на коем восседаешь,
Неутомимо рубишь сам!
Духовно глубоко обрел
Ты обезличенную веру,
Но праведности не нашел,
Познав Божественную сферу.
Твое решенье слишком скупо,
Отчаянный анахорет*,
Ведь как бы все
        не вышло глупо,
Самонадеянный Харет**.
Вы пресмыкаетесь убого,
Не понимая одного,
Что только просите у Бога,

---

* Анахоре́т (от *др.-греч.* ἀναχωρητής «анахорет», «отшельник», от *др.-греч.* ἀναχωρέω «отступать», «отходить», «уходить», «удаляться») — удалившийся от мира, отшельник, пустынник. Так называется человек, который уединенно живет в пустынной местности, по возможности чуждается всякого общения с другими людьми и ведет аскетичный образ жизни.

** Харет или Харес (*др.-греч.* Χάρης, IV век до н. э., Линдос — 280 год до н. э., Родос) — древнегреческий скульптор, архитектор, автор статуи Колосса Родосского, которая была одним из семи чудес света. Ученик Лисиппа. Когда статуя второго Колосса через 12 лет (280 г. до н. э.) была достроена, скульптор покончил жизнь самоубийством, потому что вконец обанкротился и не мог расплатиться с долгами.

Не сделав в жизни ничего.
Ты к созиданью безучастен
Непогрешимостью своей,
Стезей душевного несчастья
Отождествляя скорбность дней.
Желанья радости увяли
От безысходности мечты,
Что смыслом жизненной морали
Лелеет образ красоты.
Ты все надеешься на чудо,
Как обезумевший пиит,
Но ведь не вырваться отсюда —
Рожденный ползать не взлетит!

Праведник:

Преображением основ
Мне Истину найти охота!

Дьявол (про себя):

Еще немало простаков
На свете, кроме Дон Кихота!

(вслух):

Знай: первый не всегда кумир,
Пресытившийся жизнью вволю,
Хоть, открывая новый мир,
Он львиную хватает долю.
Путь первых тягостно томим,
Являя дерзкую октаву.

Праведник:

Порою смельчакам сиим
Мгновения даруют славу.

Дьявол:

Покорные лихой судьбе
Всегда из побуждений чистых
Дают убить себя толпе,
Спешащей за поживой быстро.
Их всех преследует беда,
Гнетет жара, секут метели,
И жизнь, бесспорно, не всегда
Дает им то, чего хотели.
На опрометчивых страстях
Творятся вечные морали,
Народ пирует на костях,
Не зная, как героев звали.
Вершатся явные событья
Величием всемирной нивы,
Где смельчакам —
             триумф открытья,
А остальным — раздел наживы!

Праведник:

Где выдох сменит фазу вдоха
И ночь приходит после дня…

Дьявол:

Ты в ожидании подвоха
От благосклонного меня?

Праведник:

Трезвонит пагубность в ушах,
Являя низменные лица…

Дьявол:

Чем тверже отбиваешь шаг,
Тем вероятней оступиться!

Вкусив божественного хлеба
В космологической дали,
Ты ревностно глядишь на небо,
Не ощущая твердь земли.

Праведник:
Как ты меня уже измаял
В своей сценической игре.

Дьявол:
Каштаны зацветают в мае,
А плодоносят — в сентябре.
Всесилием потенциала
Ты должен истину извлечь,
Что в пережарке проку мало,
Но властны сырость мы допечь.
Благословением правдивым
Деянья мудрые твори:
Желая сделать плод красивым,
Искусно корень удобри.

Праведник (про себя):
В духовной жизненной главе
Все происходит постепенно.

(вслух):
Мечты роятся в голове,
Преображаясь вдохновенно.

Дьявол:
Бывает, время потрясений
Творит плеяды перемен,
Где годы мрачных наваждений
Являют смертоносный тлен.

И вынуждены будут люди
Идти в чужбинные края,
С духовным помыслом о чуде
Творить систему Бытия.
Они в Божественном эфире
Прискорбно проживают век,
Ведь в изменяющемся мире
Так беззащитен человек.
Явив участие лихое,
Кляня суровую беду,
Блуждают люди, как изгои,
В надежде отыскать еду.

Праведник:

Бывают годы невезенья,
Как смерчи посреди степи,
Что рушат жизненные звенья
Биологической цепи.
Народы, звери и растенья
На энтропийном рубеже
Воспроизводят поколенья…

Дьявол:

Преображенные уже!
Все жизненно оскудевает,
Являя бесконечный спор
Там, где Природа затевает
Творить естественный отбор.
Столетиями изменяя
Энергосферу Бытия,
Космологически являет
Критерии развития.
Неутомимостью миграций

Она, бедою на челе,
Гоняет разноличье наций
По многоплановой Земле,
Где с измененьем комбинаций
Энергетических основ
Творятся циклы трансформаций
Метафизических миров.

Праведник:

В духовном жизненном начале
Планета — благодатный рай.

Дьявол:

Чужбина — неприятный край,
Исполненный лихой печали.
Но преднамеренно бывает,
Что пришлый обживает дом
И демоническим вредом
Его хозяев изгоняет.
Бытуют все законом волчьим,
Своим безнравственным умом,
Где от коварности порочной
Вам на добро ответят злом.
Ведь обитанья ареал
Есть у любого организма,
И кто от зла не убежал —
Своею поплатился жизнью.
Неоспоримо, полноправным
Является всевластный вид,
Ведь однозначно будет славным
Тот, кто сегодня победит.
Борцы свои ломают кости
Среди ликующей толпы,

Чтобы неистовые гости
Им раззадоривали пыл.
Они находятся на грани
Немыслимо сумбурных дел,
Не зная разумом заранее
Исхода обреченных тел.
Они везде готовы к бою,
Преодолев душевный страх,
Но у правителей порою —
Марионетками в руках.
Звенят кощунственные струны,
Взывая яростно смотреть,
Как озверевшие трибуны
Приветствуют шальную смерть.
Давай логически рассудим
О психологии сполна:
Одно убийство все осудят,
Но ведь оправдана война.
Пусть оседают легионы
За злодеяния во прах,
А цезари, наполеоны
Сияют славою в мирах?

Праведник:
Среди коварства злобных туч
Является блаженство веры…

Дьявол:
У Мирозданья каждый луч
Творит спектральные манеры.
Определения не вещи
Контрастной жизненною сферой.
Порою к уникальной вещи

Подходят с разноликой мерой.
На нравственном потенциале
Мы убеждаемся вполне,
Что дух витает в идеале,
А жадность — грезит о цене.
Одни немыслимо правдивы
Проникновенностью своей,
Вторым — обилие наживы
Отождествляет культ вещей.
Но если к образам контрастным
Относятся с лихой душой,
Тогда и к безделушкам разным
Подходят с мерою одной.

Праведник:

Гармония святого тона —
Великолепию сродни,
Но все зависит и от фона,
Который обрели они.

Дьявол:

В грехопаденческой отраве
Ложь с Правдою не различишь,
Когда алмаз в плохой оправе
И впаян в золото голыш.

Праведник:

Стези познанья не слепы,
Чтобы прозрением явиться.

Дьявол:

Не уколовшись об шипы,
Желаешь розой насладиться?
С проникновенною культурой

Стремишься праведностью жить,
Чтобы духовною натурой
Себе бессмертье заслужить?
Не всякий, осознав ошибки,
Любовь Всевышнего снискал.

Праведник (про себя):
У обходительной улыбки
Ошеломляющий оскал!

(вслух):
Твои теории не прочны
Среди логических помех.
С рожденья люди непорочны,
Но их преображает грех.
Они насмотрятся, как алчность
Порабощает злобный мир,
И в них заполыхает жадность,
Являя вакханальный пир.
Ничтожатся лихие души
Да разрушаются тела,
Когда зло нравственность
      нарушит,
Творя коварные дела.

Дьявол:
Все Мироздание порочно,
Ведь то, что пагубность дает,
Вошло невероятно прочно
В ваш ежедневный обиход.
Всесильем истинного смысла
В судьбы критический момент
Всевластно управляет жизнью
Бесчестности эквивалент.

*Вас зависть мрачно заполняет
Ошеломлением своим
И полоумием буяет,
Неугомонностью лихим.
Она грехотворящей властью
Сулит коварную беду,
Неистово-бесовской страстью
Преображаясь в злом бреду.
Неукротимостью стремленья
Своих кощунственных идей
Являет пагубные рвенья
У злонамеренных людей.
Непререкаемо жестоко
Целенаправленно вершит
Неумолимостью порока
В грехопадении души.*
Все однозначно переменно,
Как ты на сущность ни смотри.
За грош не совершишь измену,
А вот за два или за три?
Ведь в жизненной
                контрастной сфере,
Что Мирозданием вершит,
Бытует низменный критерий
Грехопадения души.
Я объясню природу вашу
Весами мудрости благой:
Чем больше страстью
                полнишь чашу,
Тем меньше совести в другой.
Стяжательства лихой исток
Сознание коварно рушит.
Дай честным золота кусок —

И все друг друга передушат!
Достоинства вмиг убывают,
Когда в душе буяет страсть,
Которую преображают
Богатство, первенство и власть!
Кто сводом истин верховодит,
Тот сбросит тяжести вериг.

Праведник:

Один всю жизнь в трудах проводит,
Другой — берет богатства вмиг?

Дьявол:

Ты размышляешь беспристрастно,
Но действовать не торопись,
Ведь в людях кроется всевластно
Неугомонная корысть.
«Друг» снисходительно поможет,
Но лишь расплаты час придет —
Он скрупулезно все умножит
И десять шкур с тебя сдерет.
Он так придумает, конечно,
Коварной алчностью влеком,
Чтоб ты влачился безутешно
Его вассальным должником.
Взрастает жизнь порочной вязью,
Преображая так следы,
Чтоб ты, облив соседа грязью,
Сухим явился из воды!
Все люди низменно прислужны,
Обожествляющие лесть,
Ведь если им чего-то нужно —
Они готовы в душу влезть.

Бытуя изощренным ладом,
Эгоистичностью вершат,
А коль тебе подмога надо —
Они на помощь не спешат.
*Ложь, созидание нарушив,
Преображается сама,
Наполнив яростную душу
Всем ухищрением ума.
Она в народе популярна,
Творя неистовый уклад,
И демонически коварна,
Являя жизненный разлад.
Всесильем преобразованья
Она преобладает в вас,
Подстроив сферы Мирозданья
Под негативный диссонанс.*
Давай логически обсудим
Предположение о том,
Кем был неистовый Распутин...

Праведник:

Нечистым в облике святом!

Дьявол:

Но как сумел искусно души
Он царские расположить
К тому, чтобы покорно слушать
О том, как в Мирозданьи жить!
Творя судьбы переплетенья
В дилеммах жизни и любви,
Создал методику правленья
Недальновидными людьми.
Всесильем мощного влиянья

Его ума потенциал
Все нерадивые созданья
Беспрекословно подчинял.
Войдя премудростью в доверье,
Себе всевластье заслужил,
Пред ним все открывались двери
В том мире, где он страстно жил.
Ведь лицемером слыл отличным,
Добившись правящих вершин.

Праведник:
Лукавый, таинством двуличный,
Пленяющий чертог души.

Дьявол:
Увидев «светлое деянье»,
В котором «праведность» видна,
Вмиг под Распутина влиянье
Попала целая страна.
О нем тогда молва ходила,
Что он сознанием велик,
Хоть демоническая сила
Порочила духовный лик.
Но, наряду с дурною славой,
Был историческим удел,
Ведь всемогущею державой
Он верховодил, как хотел.

Праведник:
Ты риторически умело
Теорию грехов создал.

Дьявол:

В алмаз запаянное тело
Видоизменит весь кристалл.
Нарушив сеть соединений
Структурных мирозданных норм,
Создастся ложность отражений
Физических контрастных форм.
Теряя истинную базу,
Все поэтапно, не спеша,
Изменит жизненную фазу,
Преображение верша.
Пока формация творится,
Являя деструктивный путь,
Элементарные частицы
Переиначивают суть.

Праведник:

Твой ум коварность заполняет
Из сумасбродства одного.

Дьявол:

Скажи, кто четко выполняет
Седьмую заповедь Его?
Бывают грешные помехи
В благонамеренном звене,
Ведь честные мужья утехи
Находят лишь на стороне.
Супруг неоспоримо нужен,
Чтоб слушать поучений шквал,
И в мире нет такого мужа,
Который бы не изменял!
Мужьям милее перемены
Стезями грехотворных дел,

Неумолимостью измены
Насыщенных страстями тел.
Неугомонною душою
Возжаждав сладостных утех,
Бесспорно, каждый сутью злою
Творит прелюбодейный грех.
Приходит муж домой, и дальше
Его нелепый говор лжив —
Интерпретациями фальши
Логических альтернатив.

Праведник:

Возможно, поздно или рано
Приходит истинный черед,
Где с обнажением обмана
Переосмысленье грядет.

Дьявол:

Благая чувственность в манере
Преображается сполна
В неистово-ревнивой сфере,
Которая в душе видна.
*Она буяет жуткой злобой,
Как распаляющийся жар,
Разбесновавшейся утробой
Взгорая яростный пожар.
Являя страстное смятенье
Неблаговидных перемен,
Вмиг нагоняет помраченье
При появлении измен.
Она вас разъяряет вздорно,
Так что в ней ненависть видна,
И возбуждает ум бесспорно,*

Хмельней игривого вина.
Она — с неистовостью злою
В перекипающей крови
Является лихой порою
Преображением любви.
Пылая непомерно страстно,
Всецело защищая честь,
В вас зарождается всевластно
Ошеломляющая месть.
Ее умышленно являет
Налитый пагубностью час,
Что демонически буяет,
Беснуясь неуемно в вас.
Все изнывает злобной новью:
Кто был любимым,
     ныне — враг.
Меж ненавистью и любовью —
Один неосторожный шаг.
Души вселенская структура
Земной осваивает путь,
Где многогранная натура
Меняет жизненную суть.

Праведник:
Но существует сила света,
Что с верностью обручена!

Дьявол:
Твои Ромео и Джульетта —
Воображение ума.
Любовь —
  тенденция обманов,
Неподражаемый подлог,

Болезнью страстных донжуанов
С иллюзией, что дарит Бог.
Она — палач, святая жертва,
Хитропремудра и глупа,
Высоконравственная мера,
Поработитель и раба.
Лихая сила искушенья
Морально-жизненных основ,
Дающая пути лишенья
Для человеческих умов.
Благоговениями мыслей,
Проникновенностью сердец
Являет откровенье смысла
Как созидающий творец.

Праведник:

Адама вылепив из глины,
Бог Еву из ребра создал...

Дьявол:

И как святые половины
Людей по миру разбросал.
Чтобы всегда
        найти друг друга —
Дух провидением ведом.

Праведник:

В дилемме жизненного круга
Вопрос решается с трудом!
Проходит времени немало
От юношества до седин.
Кому судьба любви не дала —
Тот коротает век один,

А кто в иллюзиях витает
Определенья своего…

Дьявол:
Но время облики меняет,
Преображая естество.
Жизнь пролетает скоротечно
Растратой благодатных сил.
Быть молодым
         не сможешь вечно,
Как бы у Бога ни просил.
Пока ты устремленьем сильный,
Будь непреклонным потому,
Что лишь сгустится
         мрак могильный —
Не станешь нужным никому.
Своей дряхлеющей структурой
Тебе не искушать сердца,
Когда почувствуешь натурой
Приход фатального конца.
Интерпретациями смысла
Перерождается любовь
В сияние вселенских мыслей,
Теплящих старческую кровь.
Но женщины всегда хитрее
И безупречно хороши,
Чтобы пленять умы скорее
Неотразимостью души.
Обманут простаков пристрастно
И предъявляют дерзкий счет,
Ведь доминирует всевластно
Целенаправленный расчет.
С лихой коварностью пантеры

Преображаются во зле,
Живя натурою химеры
На многоплановой земле.
Усладной страстью обживают
И, злодеянья совершив,
Неистово порабощают
Глубины любящей души.
Приоритетом искушенья
Неблагонравственной крови
Для них вы — жертвоприношенье
Благонамеренной любви.
Неумолимостью позора
Они уничтожают вас,
Являясь яблоком раздора
В судьбою обреченный час.
Влеченье сумасбродной страсти
Переполняет вашу плоть,
И разум не имеет власти
Свои грехи перебороть.
Живут без совести и чести
Хитросплетением интриг,
Раскладывая сети лести
Для нужд изысканных своих.
Буяя пылкими страстями,
Деянья гнусные творят,
Безмерно жуткими путями
Давая смертоносный яд.
Чрезмерной хитростью сознанья,
Сгорая в алчности хмельной,
Они являют Мирозданье
Своей натурою лихой.
Их прихоти не стоят жизни,
Ведь ум их слишком недалек,

*Пируют на греховной тризне,
Увидев однозначный прок.
Они приносят злые беды
И ужасы кровавых войн,
Где, одержав триумф победы,
Являют пагубный резон.
Они живут в желаньях низших,
Хранящих дьявольский уют,
Где на пирах сердца любивших
Им неустанно подают.
Их разум заполняет зависть,
А души — скверная тоска,
Где демоническая завязь
Преображается века.
Любая на богатства метит,
Желая получить надел
От тех, кто похотливо бредит
Объятиями пылких тел.
А вы, увидев злые цели,
Порывом подвигов своих,
Разгадывая суть интриг,
Спешите к смерти на дуэли.
Неутомимо разъедают,
Как ржавчина тугую сталь,
Когда елейными бывают,
Являя гнусную мораль.
Как разоренные изгои,
Летите в низменную грязь,
Когда, поработив святое,
Уничтожают вас смеясь.
Дилеммой жизненного круга
В неистово порочный час
Натравливают друг на друга,*

*Коварно перессорив вас.
А сколько пагубно распятых
Талантов на крестах судьбы,
Отверженных, нагих, проклятых,
Что были как любви рабы?
Вас доведя до исступленья
От первородного греха,
Напутствуют на преступленья
Супротив Божьего верха.
А сколько, их познав на шкуре,
Гниет в пристанищах могил,
Где рок доверчивой натуре
Финал трагический явил!
Так низвергаются кумиры,
Где демоническая цель
Зовет неистовостью мира
В измятую грехом постель.
Высоконравственностью смысла
Клянутся преданно любить,
А сами неустанно мыслят,
Как бы тебя вмиг погубить.
Вы жаждете сознаньем пылким
Являть красноречивость слов,
А женщины творят копилки
Из гениальнейших голов.
Законы Бытия нарушив,
Переиначив весь удел,
Порабощают хитро души
Погибелью духовных дел.
Творя коварную измену,
Когда сполна истрепят вас,
Находят быструю замену
В судьбою обреченный час.*

С негодованьем изуверским
Все злодеянья совершив,
Плюют на вас
        с презреньем мерзким
Лихой коварностью души.
От низконравственных подходов
До демонических основ
Они ждут верных донкихотов
В объятиях у казанов.
Внедряя в страждущую душу
Уничтожающий балласт,
Любая личность вмиг разрушит
И демонически предаст.
У них бесовская удача
На пагубность фатальных лет,
Лихой душой смеясь и плача,
Вас провожают на тот свет.
Судьба, иллюзией балуя,
Преображение вершит,
Когда блаженство поцелуев
Выходит горечью души.
Грехов коварные пожары
Вам злодеяния творят,
Когда любовные нектары
Забродят в смертоносный яд.
Являете святые мысли
Благословением в веках,
А женщины коварным смыслом
Уничтожают все во прах.
Бесовской силой наважденья
Наполнив чувственный уют,
Для них — вершина наслажденья,
Когда вас режут или жгут.

Благоговением объяты,
Явив духовный архетип,
Живут премудрые сократы
Под управлением ксантипп*.
Ох, прихотливыми бывают,
Увидев денег оборот,
Зло — помнит, благо — забывает
Их демонический народ.
Преображается греховно
Неукротимостью измен
Их суть, рожденная духовно
Стяжать материальный тлен.
В неугомонной круговерти
Вы лезете в лихую пасть,
Почувствовав дыханье смерти,
Являющее злую страсть.
Они грядою вожделений
Идут по вашим черепам,
Из сумасбродных побуждений
Устроив пагубный бедлам.
Когда богатств извечно мало
И ненасытна плоти страсть,
Знать, обходительность попала
Под обольстительную власть.
Они буяют откровенно
Неугомонностью крови,
Чтоб вы являлись вдохновенно
Рабами жертвенной любви.
В могуществе высоких санов
Не все дожили до седин,

---

* Ксантиппа (*др.-греч.* Ξανθίππη) — жена греческого философа Сократа, известная своим плохим характером. Ее имя стало нарицательным для сварливых и дурных жен.

*И вы неумолимо рьяно
Клянете подлых мессалин*.
Являете благие тропы
Благословением идей,
А ваши жены-пенелопы
Боготворят других вождей.
Коварным яростным обличьем,
В неутомимости услад
Взирают с жизненным величьем,
Меняя сумасбродный лад.
Соблазна грешная натура
Сражает естество мужчин,
Когда летит стрела Амура
В сердца на яростный почин.
Лихие жизненные споры
Являют пагубный резон,
Когда шальные феодоры**
Восходят хитростью на трон.
Коварно в души заползают
Неблаговидностью натур
И обреченно подставляют
Убийству силовых структур.
Тут, как душою ни вертите
В судьбою выстраданный час,
А повсеместно нефертити
Пленяют красотою вас.*

---

* Валерия Мессалина (*лат.* Valeria Messalina), иногда — Месаллина (ок. 17/20 — 48) — третья жена римского императора Клавдия, мать Британника и Клавдии Октавии, влиятельная и властолюбивая римлянка, имя которой приобрело переносное значение из-за ее распутного поведения.

** Феодо́ра (др.-греч. Θεοδώρα — «Божий дар». ок. 500, Фамагуста, Кипр — 28 июня 548, Константинополь, Византийская империя) —византийская императрица, супруга императора Юстиниана I. Оказала большое влияние на религиозную и политическую жизнь Византийской империи середины VI века.

В железном чувственном капкане
Зажав доверчивость сердец,
Они вас на лихом аркане
Ведут убойно под венец,
Где окольцованы позором
Необратимо, навсегда,
Твердите смертным приговором
Свое пожизненное «да».
Судьба терзаньями испита,
Явив фатальный вариант,
Когда ярмом лихого быта
Ничтожится святой талант.
В кошмарно
        смертоносных видах,
У жутких обреченных лож
Они ждут ваш летальный выдох,
Чтоб начать денежный дележ.
Неутомимо сумасбродят,
Приемля адскую печать,
Всегда безвинными выходят,
А вам — придется отвечать...
Миротворение ничтожа,
К грехопаденью своему,
Глаголят низменною ложью,
Чтобы отправить
        вас в тюрьму,
Где подоплекой злодеянья
Являя хитроумный смысл,
У вас отнимут состоянье,
Чины, регалии и жизнь.
И вы, истерзанные мыслью,
В неистовую круговерть,
В безумной грехотворной тризне

Зовете яростную смерть.
Все вы, могучие титаны,
Не видя будущий позор,
Спешите им поведать тайны,
Себе слагая приговор.
От них безумия не чаешь,
Вовек предательства не ждешь,
Но ведь когда не замечаешь,
Они вонзают в душу нож!
Им лишь вручи всесилье власти,
Где жизнерадостный уют,
Они вас разорвут на части
И в прах постыдный перетрут.
Позорным жизненным уделом
Неблагонравственных искусств
Они торгуют грешным телом
С усладной низменностью чувств.
Так, демонически спесиво,
Внемля неистовым речам,
Бросают молодых, красивых,
Сбегая к старым богачам.
Коварной страстью наполняют
И, злодеянья совершив,
Всех обреченно низвергают
С великих жизненных вершин.
Ошеломляющие виды
Буяют яростью своей,
Когда со зла семирамиды
Казнят доверчивых мужей.
Они коварно сумасбродят
Неугомонностью вреда,
От дел великих вас уводят
Необратимо, навсегда.

Они, рожденные увидеть
Миры Божественным лицом,
Заставят вас возненавидеть
Своих друзей и мать с отцом.
Страстями дерзкими буяют,
Преображением основ
Орлов могучих превращают
В покорных тягловых ослов.
Великолепные мадонны
Деянья подлые творят,
Их лица — светлые иконы,
А души — беспросветный ад.
Бессмысленностью отреченья
Работы творческих ночей
Идут стезею обреченья
Для топки кухонных печей.
«Вы воздаяния хотели?
За похоть — жизнями плачу», —
Когда вас прямо из постели
Отправят мигом к палачу.
Они с талантами не ладят,
Творить свободно не дают,
Пока вас в тюрьмы не посадят
Или преступно не убьют.
Всесилием коварной меты
В неистовую круговерть
Творят безумные сюжеты,
Несущие позор и смерть.
Неутомимыми грехами
Вершат, сознание губя,
Так что вы долгими годами
Не можете прийти в себя!
Все эксцентричные желанья,

Где сатанинская печать,
Как роковые указанья,
Летите мигом исполнять.
Их счастье — это беды ваши,
Цветенье — ваш кошмарный тлен,
Они, испив из грешной чаши,
Живут проклятием измен.
Вы обреченностью участья
Высоконравственных потуг
Барахтаетесь в путах счастья,
Как в паутинах у сольпуг.
Коварной злобой сумасбродят
В немыслимо фатальный час,
До сумасшествия доводят,
Уничтожая глупых вас.
За наваждение лихое
Неоспоримых перемен
Всегда поверженные трои
Клянут неистовых елен.
Но жизнь, усердствовать не смея,
Ошеломляющей судьбой
Глядит на то, как Саломея
Идет с Крестителя главой.
С неистовостью жуткой страсти
Является шальная мысль:
Как бы присвоить скипетр власти
И уничтожить вашу жизнь?
Коварной мудростью владеют,
Меняя низменный контраст,
Лихой душою сатанеют
При виде сказочных богатств.
Законы Жизни попирая,
Вам зло намеренно творят,

*Подняв вас на вершины Рая,
Чтобы затем низвергнуть в ад.
Неистовостью злобной мысли
В судьбою выстраданный час
Доводят до самоубийства,
Изрядно опорочив вас.
И вы, беспутностью реченья,
Душой сведенные к нулю,
С безумной силой обреченья
Проклятьем лезете в петлю.
Сгнивает чувственное семя
От обреченности своей,
Когда безжалостное время
Голубок обратит во змей.
Их изощренные манеры —
Коварностью лихой игры,
Где страсть являет роль гетеры
В пристанищах ночной поры.
Они преследуют с азартом,
Как наважденье ворожбы,
Тенями рока, битой картой
В фатально жуткий час судьбы.
Из глаз блеснет пристрастный луч,
Пройдет эмоций перекличка,
Ведь нужен к сердцу чувства ключ
Или коварности отмычка.
У них всевластная зацепка
Для нерадивых дураков:
Вползают в ваши души цепко
Обманчивой игрою слов.
Вас сумасбродно растлевают
Коварностью своих затей,
Когда елейными бывают*

*Или неистовее змей.
Как ненасытные горгоны,
Окутывают злом страстей,
Но создают пигмалионы
Своих прекрасных галатей.
А все «творения» веками
Пределом жизненных искусств
Творцов преображают в камень
Надменной пагубностью чувств.
Всесильем злобного участья
Идут плеяды перемен,
Когда святые крылья счастья
Перерастут в рога измен.
Корыстью жуткой промышляют
И нерадивостью лихой
На гибель вас благословляют
Петлею, Черною Рекой.
Являют грешные изъяны,
Чтобы проклятием веков
Гноились чувственные раны
От подлых дел и ложных слов.
Найдут «изысканное» место,
Где тяжесть бытовых вериг
Вас разминает, словно тесто,
Для повседневных нужд своих.
Преобладает так умело
Душевный прихотливый сказ,
Когда буяют страсти тела
Под обольщениями глаз.
Они стремятся поскорее
Пленять страстями глупых вас,
Лицом — голубки, сердцем — змеи,
Медеи в профиль и анфас.*

И вы с безмерною любовью
Спешите их боготворить,
Не зная то, что терпкой кровью
Они начнут жизнь вашу пить.
Всех Время нравственно рассудит
Благословенною судьбой,
Вам показав, какою будет
Жена до старости с тобой.
Вы так желаете им снова
Дарить душевные цветы,
А в их умах уже готовы
Для вас узды и хомуты.
Ведь, как доверчивых животных,
Вас приручая к очагу,
Буяют сонмом чувств вольготных,
Что мыслями игриво жгут.
И в заключенье, если в целом
Итожить этот монолог,
То каждый с пагубною целью
Творит кощунственный подлог.
И после всех внутриутробных
Томлений в животворной мгле
Все ищут место поудобней
Да потеплее на Земле.

Праведник:
Ты говоришь о вечном смысле,
Являющем земную жизнь
Интерпретациями мысли
В системе вероломной лжи.
Ведь женщина порочным телом
Мужчину не всегда прельстит...

Дьявол:

Пред страстно-грехотворным делом
Никто вовек не устоит.
А может, это Бог нарочно
Соединяет тайно вас,
Чтобы космически всенощно
Взирать на любострастный сказ.
Затем — в священные палаты,
Вздымая на Вселенский Суд,
Вам предъявляет компроматы
Великогрешных плотских пут.
Извечно праведная честь
Во власти яростного мавра…

Праведник:

Определенно, выход есть
Из лабиринта Минотавра!
Твои пороки кровожадно
Повсюду извлекают прок.

Дьявол (про себя):

Духовной нити Ариадны
Не хватит на один виток.

(вслух):

Когда живешь совсем без толку,
Судьбу молитвами губя,
Знай: счастье улыбнется только
Тому, кто любит сам себя.
Твори логический подход,
Благодеянья подытожив,
Корыстолюбьем преумножив
Запретный сладострастный плод.

Грехотворящая среда —
Всесилием нутра шального!
Одно решительное «да» —
И ты — счастливый Казанова!
Тебе сейчас, как никогда,
Должно быть истинно понятно,
Что иллюзорная среда
Исчезнет скоро безвозвратно.
Раскинется контрастный мир
Неповторимыми путями,
Где ты, неистовый кумир,
Упьешься дерзкими страстями.
Блаженство закипит в груди,
Душа пороками прельстится,
Ведь ожидает впереди
Все, чем желаешь насладиться!

Праведник:
Как ты привык единство мира
Разграничением дробить!

Дьявол:
Универсальностью эфира
Тебе бессмертье не добыть.
Обилием коварных чувств
Перечеркни повиновенье!

Праведник:
Чем сладостней вино на вкус,
Тем горестнее отрезвленье.

Дьявол (про себя):
Я приоткрою в душу дверцу...

(вслух):

*Всесильем чувственных глубин
Извечно выступает сердце —
Животрепещущий рубин.
Оно неистово пылает,
Увидев яростную новь,
Проникновенно возгорает
Благословенную любовь.
Оно — космический тонометр,
Который носит человек,
Энергетический хронометр,
Являющий житейский век.
Оно — духовный показатель,
Что генерацией вершит,
Астральный преобразователь
Информативности души.
Оно — магический советчик,
Которого послушать рад,
Неподражаемый ответчик,
Меняющий душевный лад.*

Праведник:

*Духовность — связью с небесами,
И водит Бог моей рукой,
Чтобы вселенскими словами
Струились мысли со строкой.
Наполнив злобою эфир,
Являешь пагубные споры
О том, что разноликий мир
Терзают вечные раздоры.
Всесилием обетованья
Взрастает мировая новь,*

*Где смыслом сосуществованья —
Надежда, вера и любовь.
Здесь сила духа мощью воли
Заставит все преодолеть
В первичной мирозданной школе,
Чтоб благодушие иметь.
Задав логические ритмы,
Бог вдохновение нам дал,
Вложив познанья алгоритмы
В душевный сверхпотенциал.
До первозданного предела
Все осмысление грядет,
Ведь душу познают чрез тело,
Ну а затем — наоборот.
Но ежели мобилизует
Душа потенциалы в нас,
То естество реализует
Энергетический запас.
Божественное вдохновенье
Проникновенностью своей
Отождествляет посвященье
Высоконравственных идей.
Неоспоримо, повсеместно
Идет логический процесс,
И эту Землю, как известно,
Вселенский охватил прогресс.
Преображеньем созиданья
Творится жизненный исход.*

Дьявол (про себя):
Благоразумие сознанья
Являет пагубный подход.

(вслух):
В контрастной жизни,
               неким разом,
Поведаю, коль ты спросил:
Натурой властвует не разум
Посредством прогрессивных сил.
Критериальность постиженья
Скрывается причинно в том,
Что свод великих достижений
Творится не одним умом.
Страх, демонически буяя
В энергоформе естества,
Потенциально пробуждает
Талантливость у существа.
Он, психику поляризуя
Преображением начал,
Уверенно реализует
Ментальный сверхпотенциал.
Страх обусловливает в деле,
Но, начав вас порабощать,
Натужив нервы на пределе,
Вмиг заставляет отступать.
Он знает полуночный шорох
Тембральностью фатальных нот
И возгорается, как порох,
Бросая плоть в горячий пот.
Он заставляет вас смириться
Неугомонною душой,
Безумно искажая лица
От неуемности лихой.
Мечты окутывая мраком,
Кошмарами гнетет умы,
Неистово коварным знаком

*Отождествляя силы тьмы.
Смертельный облик
          страстно любит,
О безысходности труба,
И нервы неустанно губит,
Их постоянно теребя.
Всесилием преображенья
В судьбою обреченный час
Инстинктом самосохраненья
Ничтожность пробуждает в вас.
Запретами себя не мучай!
Получишь истинный ответ,
Что Мирозданьем
          правит Случай
Десятки миллиардов лет.
Умея разум изощрить,
Ты властен всемогущим стать,
Чтобы величественно жить,
Вкушая мира благодать.*

   Праведник:

Твои слова — греха искусство,
Неугомонностью дыша,
Переполняют наши чувства,
Которыми вершит душа.
Но если устремленье духа
Проявится в священный миг,
Тогда греховная разруха
Закончит сонмы дел лихих.

   Дьявол (про себя):

Порыв эмоций импульсивный
Явил блаженное лицо

В надежде, что ответ наивный
Достоин слова мудрецов!

(вслух):

Рассыплется телесный прах
Как одряхлевшая структура,
А с ним — духовная натура —
Колосс на глиняных ногах!
Тебе безвыходно осталось
Жить упоительностью грез,
Являющих кромешный хаос
Из атомов, молекул, звезд.
От изначалия Вселенной
Энергоинформационный фон
Меняет силою священной
Преображение времен.
В полифонии генераций
Космологической межи
Многообразьем комбинаций
Слагается земная жизнь.
Тенденцией ароморфоза
Проходит планетарный век,
Где «светочем апофеоза»
Все разрушает Человек.
Его не выдержит Природа,
Ведь, вникнув в тайны Бытия,
Нарушил схемы генокода
Вселенского развития.
Рожденный пагубное дело
Технологически творить,
Задумал он живое тело
Искусственным преобразить,
Но гибнет от идей своих,

Явив нелепую беспечность,
Отождествив вселенский миг,
Который выражает Вечность.

Праведник:
Универсальные сензары
Имеют жизненный исток,
И Мирозданию квазары
Вверяют судьбоносный срок.
Но сколько лет Господь изволит
Нам отпустить — Ему решать.

Дьявол:
Простая истина глаголит,
Что от судьбы не убежать.
Хоть в многоплановом эфире
Бытует замкнутость всегда,
Но скоротечно в этом мире
Преображается среда.
Разнообразные сужденья
Творят земную круговерть,
Приветствуя души рожденье,
Разоблачающее смерть.
И хоть интерактивность опций
Имеет жизненный эфир,
Не избегает диспропорций
Противоборствующий мир.
Неоспоримо, повсеместно,
Там, где многоформатный фон,
Бытует, как уже известно,
Космологический закон.
Земля физически черпает
Потенциальные нужды,

И в ее сферу проникают
Метеоритные дожди.
Трансэнергетикой своей
Планета несоизмерима
И гармоничностью вещей
Изысканно неповторима.
Многообразием идей
Являет светлые морали,
Но постижения людей
Творение поймут едва ли.
*Неутомимостью своей
Здесь Время трудится в эфире,
Преображая суть вещей
В противоборствующем мире.
По беспросветности рутин
Оно размеренно струится,
Наслаивая сеть морщин
На изменяющихся лицах.
Оно — лекарство, жуткий яд,
Стезей распада и созданья,
Высоконравственный судья
Многообразья Мирозданья.
Оно — святой потенциал
Энергосферы созиданья,
Вселенский дифференциал
Универсального Созданья.
Многоформатная спираль,
Отождествляющая эры,
Непревзойденная мораль
Духовно-симбиозной меры.
Амбивалентная дилемма,
Меняющая Естество,
Универсальная система*

Преображения всего.
Ведь чем невидимей от вас
Потусторонняя астральность,
То люди разумом подчас
Приемлют вымысл за реальность.
Универсальный шар земной
Слагает правила такие,
Как генератор мировой,
Несущий ритмы временные.
Прецессионное* враженье
Энергетической оси
Являет лунное движенье
Посредством центробежных сил.
Планета Солнце облетает
За календарный круглый год
И планомерно сотворяет
Ротационный оборот.
Потенциалом созиданья
Проходит эры торжество
В круговороте Мирозданья,
Где Время рушит Естество.
Вы тлеете теплом свечи
Среди космического мрака,
Где судьбоносные ключи
Скрывают знаки Зодиака.
Они всегда ведут расчеты
Всех дней рожденья и смертей.

Праведник:

Неоспоримо, звездочеты
Живут величием идей.

---

* Прецéссия — явление, при котором момент импульса тела меняет свое направление в пространстве под действием момента внешней силы.

Но изменить миры не властен
Калейдоскоп порочных дел,
Хоть ты греховно соучастен
Оспаривать земной удел.
Ты хочешь изощреньем смерти
Явить иллюзию игры?

Дьявол:

Но во Вселенской круговерти
Преображаются миры.

Праведник:

Господь священное созданье
Благословенно сотворил,
Премудро заложив в сознанье
Могущество духовных сил.
Настраивая созиданье
Программами вселенских мер,
Он обусловил Мирозданье
Системами энергосфер.
Мы добродетельно живем,
Творя космические фоны,
Ведь в измерении любом
Свои присутствуют законы.
Фундаментальный свод основ
Не может называться лишним,
Когда гармония миров
Задумана самим Всевышним.
Все сотворения Его
Места в системах занимают
И из пространства своего
Вселенский импульс посылают.
Так, в изменяющемся свете

Космологической межи,
Возможно, на другой планете
Сегодня возникает жизнь,
Где в разновидности условий
Энергетической среды
Всесотворяющее Слово
Являет светлые труды.
И мы в духовном созиданьи
Трансгалактической межи
Пытаемся постичь сознаньем
Высокоразвитую Жизнь.
Увидев светочем познанья
Метафизический контраст,
Выстраиваем Мирозданье
Преображением пространств.
Ведь в истинные чудеса
Рождается святая вера,
Где Марс краснеет в небесах,
Когда является Венера.
Юпитер произносит смурно
Свой риторический глагол
О том, что мантию Сатурна
Обвил прекрасный ореол.
Стезей Божественного Света
Произрастает Естество
Там, где вращаются планеты
Вокруг светила своего.
Лишь побледневшая Луна
На мирозданном небосводе
Космологически одна
Владенья тайные обходит.
Ее проникновенный свет
Влюбленным нагоняет грезы,

*И много миллионов лет
Над нею воспаряют звезды.
Она в животворящей мгле
Плывет по миру горделиво,
На кристаллической Земле
Творя приливы и отливы.
Являя космогенный цикл
Периодичностью вращенья,
Она вершит порядком цифр
На календарных упрощеньях.
Она вращается в лазури
Энергетических пространств,
Навеяв чувственные бури
В метафизический контраст.
Она в духовномареале
Космологических основ
Преображает зазеркалье
Энергетических миров.
Она — Вселенский генератор
Биоритмических частот,
Сакральный субкоординатор,
Творящий космогенный код.
Она — космический рефлектор
Универсальностью своей,
Неподражаемый прожектор
Теологических вещей.
Ортодоксальных мудрецов
Она влекла необычайно,
Но вдохновенное лицо
Осталось мирозданной тайной.
Она — светильник для идущих,
Для страждущих — печаль души,*

*И для иллюзией живущих —
Стезя космических вершин.
Все помнит в многоликом мире
Преображенностью своей,
Плывя в Божественном эфире
Благоговением идей.
Ты демонически вершишь
Ошеломительностью мысли,
Которой действенно творишь
Всесилье жизненного смысла.
Хоть Мироздание старо,
Духовность мудростью прольется...*

Дьявол:
Творить священное добро
Созданию не удается!
Ты хочешь выяснить подробно
У генетических рядов,
Как создается бесподобно
Формирование родов?
Желаешь говорить о главном,
Усвоив жизненный урок,
Бытуя разумом бесславным
Как диалектики знаток.
Финальным созиданьем рода
Закончив мирозданный курс,
Являет в гениях природа
Космологический ресурс.
Системою преображенья
Гомологических рядов
Он не имеет продолженья
Произведения родов.

Праведник:
В контрастном Бытии
                обильно
Является духовный рост…

Дьявол:
Высокоразвитое сильно
Грядет количество потомств.
Универсальностью развитий
Бытует Разум на челе
Формирования событий
На многоплановой Земле.
Не только разноличьем расы
Мир воздвигает рубежи,
Но и делением на классы
Произрастает эта жизнь.

Праведник:
Универсальность изометрий
Преображается сперва…

Дьявол:
Энергоформа асимметрий
Приемлема для Естества.
Земля творит неординарность
Контрастов мирозданных лет,
Пока присутствует полярность
Биологических гамет.

Праведник:
В космическом потенциале
Бог каждому вручил удел
В геоструктурном ареале
С универсальным спектром дел.

Любая сущность будет в паре
Благословенною судьбой.

Дьявол:

Где во вселенском кулуаре
Преобладает разнобой.
Все многопланово являют
Критериальность перемен,
Где Бытие отождествляет
Взаимовыгодный обмен.

Праведник:

Бог Мироздание явил
Многообразьем вдохновенья
И гармонично сотворил
Энергетические звенья.
Животворящее мгновенье —
Благословением венца,
Когда Вселенское Творенье
Возносит светлого Творца.

Дьявол (про себя):

Переосмысливает четко
Организацию момента
Дифракционная решетка
Логического интеллекта.

(вслух):

*Стараясь избежать погрешность
И осознание извлечь,
Сперва оценивают внешность,
А после — обсуждают речь!
Твой труд*
      чрезмерно монотонный,

Который глупостью звучит,
Ведь бесполезен бег синхронный
По эллипсоидам орбит.
Все в Мирозданьи неизменно,
Но таинствами жизни всей
Ты овладеешь с переменой
Энергетических полей.
Психологическое бремя
Дает ответственный урок,
Ведь все работают на время,
Которое являет прок.

Прицедник:

Жизнь зародилась во Вселенной
На сформированной Земле,
Чтобы стезею вдохновенной
Творить сознаньем на челе.
Но только люди расселились
По миру, тайнами веков
Творец явил большую хитрость
С разломами материков.
Благословением морали
Создал универсальный шифр,
Чтобы народы продолжали
Свой эволюционный цикл.
Духовной силой созиданья
Творя земной потенциал,
Преображением познанья
Он их сознанье изощрял.
Затем, из побуждений вечных,
Контрастами Вселенских мер
Он сотворил им свод наречий,
Культурных обликов и вер.

*Величьем жизненной науки
Создал космический исход,
Чтоб через тернии и муки
Они несли духовный код,
И силою мировоззрений
Познав Творенья глубину,
В многообразьи единений
Все слилось в Истину одну.*

Дьявол:
*Хоть во Вселенной планомерно
Творится жизненный процесс,
Но по Земле неравномерно
Распределяется прогресс.
Все неуклонно проявляют
Разнообразие свое:
Одни — ракету запускают,
Другие — мастерят копье.
Тенденциями дисбаланса
Высокоразвитых натур
Не происходит резонанса
Среди космических культур.
Согласно с жизненным эффектом,
У каждого — своя стезя,
Ведь есть изъян у интеллекта,
Который упразднить нельзя.
Все в Мироздании скудеет,
Являя жизненный резон,
Где сущность каждая имеет
Чувствительный диапазон.
Мир пребывает, очевидно,
В житейском оптимале проб,*

Где звезды
        в микроскоп не видно,
Равно как атом — в телескоп.
Хоть ты творишь
        в священном чуде
Величие духовных дел,
Но это, безусловно, будет
Психологический предел.
Миротворящая реальность,
Внемля логическим делам,
Предпочитает визуальность
Всем акустическим волнам.
Решается потенциально
Технологический вопрос,
Коль скорость пропорциональна
Передвижению колес.
Обжив земные ареалы,
На протяженьи тысяч лет
Вы превращали Сверхначало
В миротворящий интеллект.
Многообразием раздоров
Является Вселенский слог
В противоборствах эгрегоров,
Которые придумал Бог.
Коль распыляется спесиво
Неосмотрительный субъект,
То многовекторные силы
Рождают нулевой эффект.
Вам в Мирозданьи безупречно
Определение дано,
Где отражение извечно
Первоисточнику равно.

*Стезей универсальных знаков
Бытует множество существ,
Ведь мир совсем не одинаков
В биопропорциях веществ.*
Потенциалом созиданья
Взрастает многоликий свет,
И в кулуарах Мирозданья
Определений четких нет.
Мои слова духовно вещи,
Ведь изощряя фактом речь,
Все об одной и той же вещи
Способны разное изречь.
Ты мне уже твердил однажды
Благонамеренную мысль,
Что в сущности
                духовной каждой
Заложен мирозданный смысл.

Праведник:
Господь Вселенское Творенье
Целенаправленно создал,
Чтобы всесильем достижений
Возрос сферический кристалл,
И животворное светило
Поставил озарять эфир,
Чтобы космическая сила
Преображала этот мир.
Функциональностью систем
Творятся преобразованья,
Круговоротами проблем,
Стезей переформированья.
Так мы от Бытия земного,
Как опресненная вода,

Уходим в небо, чтобы снова
Душою приходить сюда.
Нас в новое вселяя тело,
Господь велит духовно жить,
Творя осмысленное дело,
И светлой верой дорожить.

Дьявол *(про себя):*
Как быстро ты нашел ответ
На изощренные вопросы,
Ведь все — духовные колоссы,
Преображающие свет.
Ты с верою ступаешь дальше,
Лихой порочности вразрез...

(вслух):
Интерпретациями фальши
Струится музыка небес.
Она лавирует игриво
Преображением ночей,
Но с виду яблоко красиво,
Хотя внутри гнездится червь.
Ты утверждаешься на свете —
Ортодоксальности сродни,
Когда душа — эфирный ветер,
Листающий земные дни.
Грехи постылые плотские
Вас не покинут никогда,
Хоть их последствия лихие
Смывает чистая вода.
Она везде незаменима,
Питая жизненный удел,
Текуча, легкоразделима

*Преображениями тел.
Многообразьем Естества
Творит космические схемы,
Соединяя вещества
Метафизической системы.
Универсальным созиданьем
Энергоинформационных норм
Преобладает в Мирозданьи
Разнообразьем жизнеформ.
Она седыми льдами стынет,
Парит, а в состояньи талом
Бытует жизненно в пустыне,
Уничтожает жутким шквалом.
Она — природная основа
Биологических веществ
Организацией живого
Формирования существ.
Она — космический астрал,
Полиструктурностью материй
Хранящий сверхпотенциал
Неисчерпаемых энергий.
Она — целительный родник,
Космологический глагол,
Универсальный проводник
Физических энерговолн.
Она — земной катализатор,
Обитель множества существ,
Полиструктурный стимулятор
Энергетических веществ.
Она витально составляет
На семьдесят процентов вас
И планомерно обновляет
Кислотно-щелочной баланс.*

*Она — реликтовый фрактал
Духовной силы космогенной,
Магический потенциал
Формирования Вселенной.*

Праведник:

*Причем кристальная вода
К порокам на сией планете?*

Дьявол:

Универсальная среда
Незамедлительно ответит!
*Смывает ведь вода всю кровь
И результаты преступлений,
Неудержимостью течений
Являя жизненную новь.
Она прозрачна и чиста,
И динамическим потоком
Все ставит на свои места
С космологическим истоком.
Переполняя Бытие,
Прообразы воспроизводит,
И отражение свое
В ней сущность каждая находит.
Так жизнь проносится, слегка
Меняя контуры наброска,
Преобразуя в старика
Неугомонного подростка.
Но коль дополнить этот сказ,
То благодатью посвященья
Водою обливают вас,
Являя таинство крещенья.
Теологически сложилось,*

*Что вещий ритуальный лад
Кунает несмышленых в жидкость,
Как глупеньких слепых котят.
Ведь так вершится на планете
Через духовный высший сан,
Чтоб человек обрядом этим
Привит был верой к небесам.
Вы побираетесь в мирах,
Ища, безумно ошибаясь,
Глодая кости на пирах
И благодарно улыбаясь.
Но сколько Бога ни зовите
Святой молитвою своей —
Вы все отверженно стоите
У райских запертых дверей.
Яви спасительную мысль,
Ведь есть же до рассвета время
Закончить низменную жизнь,
Отвергнув праведное бремя.*

Праведник:

*Ты у бессмертия души,
Как возле неприступной Трои,
Поставил пагубность. Греши!
Но я вовски не открою.
Безумьем низвергался Рим,
Зачатый от благих истоков,
Который ханжеством лихим
Рождал бесчисленность пороков.
Являя злобную природу,
Творишь греховные пути,
Но ведь в одну и ту же воду
Уже вторично не войти.*

Ты создал целостность теорий
Всесильем пагубных идей,
Чтоб чередою аллегорий
Пленять сознание людей.
Неугомонностью азарта
В тебе неистовость сама,
Припомни,
        как ты Бонапарта
Свел на баталиях с ума.
Грозясь отдать ему весь мир,
Сулил большие перемены,
Но ведь закончил жизнь кумир
На острове Святой Елены!
Иуда, также и Пилат,
Которые продали души,
Являя пагубный разлад
Деяньем, рвущимся наружу.
И лишь Калигула тебя
Изысканно принять решился,
За что заслуженно лишился
Всего, сознание губя.
В контрастно-жизненной дилемме
Ты опорочил этот свет:
От искушения в Эдеме —
До всех Иудиных монет.
Но как коварно ни старался
Грехопадением лихим,
Так Иисус и не поддался
Всем ухищрениям твоим.
Вот так ты жаждешь и меня
Сегодня обмануть лукаво,
Ведя Троянского коня

К порогам
      благородных нравов.
Однако, вспоминаю я,
Как в первый раз ты появился…

    (про себя):

Бывает ласковой змея,
Хоть яд в ней тайно сохранился.

    (вслух):

Но, несомненно, не всегда
Преобладает грех веками.

  Дьявол *(про себя):*

Неутомимая вода
Подтачивает твердый камень.

    (вслух):

Проникновенностью своей
Вторишь Божественному тону…

  Праведник *(про себя):*

Возник сюжет, когда Персей
Убил коварную Горгону.

  Дьявол:

Всему определяют меру,
Ведь поучения гласят,
Что яство сладкое, к примеру,
Порой становится, как яд.
Сперва все новизной сияет
В насыщенный мечтами час,
Но вскоре так надоедает,
Ничтожа монотонно вас.

Контрасты — чувствами налиты,
Дают спасительную мысль.
Возненавидишь ты молитвы,
Когда они утратят смысл.
Иллюзии все, несомненно,
Исчезнут благодатно вмиг.

Праведник:
Душа прозрением блаженным
Явила сонмы дел святых.
Ты хитроумным искушеньем
Переиначиваешь свет.

Дьявол:
В гипотетических решеньях
Ограничений жестких нет.
Ведь Правда —
        ипостась Добра,
Творящая Вселенским смыслом,
Когда придет ее пора
В греховных кулуарах жизни.
Ты рассуждаешь так умело,
Как будто в мире понял все,
Но стоит ли ускорить дело,
Изобретая колесо?

(про себя):
Бывает, что в лихом кураже
Глядя на мирозданный цикл,
Один глупец суть жизни скажет
Так, как не смогут мудрецы.

Праведник:

Являя жизненный контраст
На вечном мирозданном фоне,
Тебе Господь вовек не даст
Все разукрасить в злобном тоне.
Повергнуть сатанинской славой
Благонамеренность основ
Не сможешь ты, меняя нравы
Неустоявшихся умов.

Дьявол:

*Не торопись сейчас умело
Бежать сознанием вперед,
Стезей духовного удела
Являя праведный подход.
Логической взаимосвязью
Творя красноречивый тон,
Владеешь смысловою вязью,
Как Демосфен или Платон.
Лихие пагубные ноты
Основывались на крови,
Когда творили эшафоты
Преображением любви.
Величьем жизненного смысла,
Который ревностно явил,
Тебе на зло не хватит мысли,
А на добро — духовных сил.
Миротворенье показало
Логический потенциал,
Когда Вселенское Начало
Инициирует Финал.*

*Верша созданье неумело
Своим бессмысленным трудом,
Сначала сделаете дело,
А думаете лишь потом.
Пренебрежение заставит
Осмыслить жизненный уклад:
Чем больше благ судьба подарит,
Тем меньше ими дорожат.
Благонамеренные нравы
Вам не помогут никогда,
Ведь вы все однозначно равны
За очертаньем — «навсегда».
Мобилизуя импульсивно
Потенциал духовный свой,
Вы унизительно бессильны
Пред чертою роковой.
Потусторонняя астральность —
Стезя фантазии пустой,
Коль мирозданная реальность
Всегда расходится с мечтой!
Могуществом потенциала
Вселенской жизненной поры
Есть уникальные порталы
В потусторонние миры.
Там облик зла неумолимый,
Являющий всевластный плен,
Лихой коварностью хранимый,
Творящий пагубность измен.
Там демонической купелью
Взращен грехотворящий сад
И смертоносною капелью
Лихие алтари кровят.*

Там воплощение знамений,
Что грезились вам на земле,
И беснованья привидений
Испепеляются во мгле.
Там жуткие оковы страха,
Где в виртуальном полусне
Ютятся терриконы праха
В проникновенной тишине.
Там изощренность Мирозданья,
Где сущность жизненных основ
Божественного созиданья
Затеряна в глуши веков.
Там вакханалия разврата
Неутомимостью своей,
Где правит яростное злато
Корыстолюбием людей.
Там воцарение исчадья
Разбесновавшихся теней
И всемогуществом проклятья —
Пыланье жертвенных огней.
В потусторонней круговерти,
Где сумрак поглощает свет,
Раскатами тщеславной смерти
Хохочет ярость сонмы лет.
Там эфемерность воспаряет
У демонической межи,
Где упоенно расцветает
Иллюзия коварной лжи.
Там быль встречает небыль мира
И грезы пролетевших лет
Мелькают в красоте эфира
Преображением комет.

Праведник:
Твой мир — сюжеты преисподней,
Где праведности не найдешь.

(про себя):
Ты опрометчив, знать, сегодня
В свою ловушку попадешь!

Дьявол:
Здесь существует фактор сил,
Который ты не замечаешь,
Пока не укротило пыл
То, чем ты душу наполняешь.
Лишь опустившийся глупец,
Отвергнув счастье дармовое,
Глядит, как низменный истец,
На отражение кривое.
Всевластием греховной ночи
В тебе неистовость жила.

Праведник:
Навеки сгинул мир порочный,
Где суть обманчивой была!
Живущие тщеславным слогом,
Разнообразною судьбой,
Мы виноваты перед Богом
Своей натурою лихой.
Бессильны яростные князи,
Когда я пожелаю сам
Подняться из греховной грязи
К благословенным небесам,
Где величавостью сознанья,
Духовностью развития

Постигну тайны Мирозданья
В могуществе события.
А вероломное стремленье
Преобразить земной удел
Является стезей растленья
Немыслимо порочных тел.
Ты изощряешься искусно
У благонравственной межи
Ничтожить искренние чувства
Интерпретациями лжи.
Твоя коварная отрада —
Изобличать вселенский прах,
Но Правда — явная преграда
Во злонамеренных делах!

Дьявол (*про себя*):
У этой жизни, как обычно,
Грядет трагический конец:
Когда закончится добыча,
То исчезает и ловец.

(*вслух*):
Друг друга люди презирают
За то, что им не повезло.
Добро все быстро забывают,
Являя пагубное зло.

Праведник:
В контрастном мире, безусловно,
Величьем подвигов святых,
Чем будет человек духовней,
Тем меньше жаждет
               благ земных!

Дьявол:

Ведешь беседу ты умело,
Но с выводом не торопись,
Ведь пред желаниями тела
Бессилен благородства писк.
Когда сгорает плоть во страсти
Неутомимостью измен,
Душа уж не имеет власти
Над чередою перемен.
Она — преображенье мыслей
В святой иллюзии ума.

Праведник:

Но вольна разрешать сама
Дилемму жизненного смысла.
Ты возглашаешь сонм апорий*
Обилием лихих грехов.

Дьявол:

Где каждый в изощренном споре
Увидеть истину готов.
Сей мир в универсальной вязи,
Когда не понимаешь сам,
Где путь к земной порочной грязи,
А где — дорога к небесам!

Праведник:

Неподражаемый советчик —
Интуитивное чутье,
Как основательный ответчик

---

* Апория — (*греч.*) ἀπορία — безысходность, безвыходное положение) — это вымышленная, логически верная ситуация (высказывание, утверждение, суждение или вывод), которая не может существовать в реальности.

И провидение мое.
Оно всецело поощряет
Благословенное добро
И повсеместно обличает
Грехотворящее нутро.
Оно ведет меня дорогой
Высоконравственных идей
К Вселенской благодати Бога
Священной верою своей.
Оно духовностью решит,
Какому внять сегодня делу.

Дьявол:
Чем тягостней живется телу,
Тем радостнее взлет души?
Хоть мирозданное величье
Сомнению не подлежит…

Праведник:
Ты со сценическим двуличьем
Уничтожаешь силой лжи.

Дьявол:
Пока я ревностно судачу
О жизни с первозданных пор,
Весы Фемиды, на удачу,
Решили мысленный раздор!
Гляди, как чаша-то с грехами
В плеядах беспросветных лет
Земными алчными верхами
Насытила порочный свет!
Сей мир, духовным ареалом
Являя злобное лицо,
Стал пагубным потенциалом

Для проходимцев и лжецов.
Они заведомо узнали,
Что прежде совести есть страсть,
И души низменно продали,
Насытившись пороком всласть.
Отвергнув светлые морали,
Слагая грехотворный сказ,
Уничтожающе попрали
Господний ревностный наказ.

Праведник:
Твоя порочная услуга
Нуждается в греховной правке?

Дьявол (*про себя*):
Железо чрезвычайно туго,
Но поддается переплавке!

(*вслух*):
Являет светлую природу
Божественный Вселенский сан.

(*про себя*):
Деревья пьют из почвы воду,
Но кроны тянут к небесам.

(*вслух*):
Всевышним созданные люди
Среди космической дали —
Соединенные сосуды
Неиссякаемой Земли.
Одни — богаты и коварны,
Другие — нищи и добры,

Непримиримы и полярны
Согласно правилам игры.
Многообразьем созиданья
Поделен жизненный процесс
На ложь и правду Мирозданья
Стезей божественных небес.
Как берег окаймлен прибоем
И перспективой — горизонт…

Праведник:

Ты меркнешь пред святым устоем,
Приемля жизненный резон.
Повсюду есть межи владений
Космического Бытия,
Где бесится коварной тенью
Лихая ненависть твоя.
Всевластие грехов не вечно,
И только воссияет свет,
Ты унесешься скоротечно
С плеядами сумбурных лет.
Уйдешь, чтоб
        сгинуть без возврата,
Явив фатальный эпилог,
И за тобой захлопнет врата
Твой демонический чертог.
Чтобы свободно всем дышалось,
Бог даст прозрение слепым,
Ведь ты сбежишь, посеяв хаос
И лжи миражно-едкий дым.
Но сила лучезарной мысли
Низвергнет скверную чуму…

Дьявол *(про себя):*
Телесный облик явным смыслом
Так соответствует уму!

(вслух):
Закончит благостная манна
Дарить божественный исход
Преображением обмана,
Который прячет небосвод.
Когда приходит время смерти,
То с миром расставаться жаль!

(глядит в окно):
В пылу словесной круговерти
Зарею засияла даль!
Все в Мирозданьи переменно.
Ответь скорее, не молчи,
Ведь ты сегодня, несомненно,
Бесценный опыт получил!
Величием пути земного
Воспрянет благодать твоя.
Осталось времени немного,
И безвозвратно сгину я!

Праведник:
Как ты пугаешься Рассвета,
Увидев пагубный итог.
Коварен, лжив, — тебя за это
Низверг когда-то вечный Бог.
Но благоденствием сознанья
Я вырвусь из лихих оков,
Творя всесильем созиданья
Преображение основ,

Где наполняя Мирозданье
Всепобеждающей мечтой,
Я силой светлого деянья
Явлю божественный устой.
Ведь в Новом сказано Завете,
Что с возрождением святым
Воспрянет на сией планете
Добра миротворящий нимб.
Ну что же ты свой лик теряешь,
Проклятий извергая стон,
И скоротечно исчезаешь,
Как страшный полуночный сон?
Непримиримы Правды речи,
И Вера светлая моя,
Что воссияла безупречно
В преображеньи Бытия!
Настанет райское блаженство,
Когда предъявит Эпилог
Вселенских Истин Совершенство —
Творящий
        всемогущий Бог.
Он — жизнедейственный свидетель
Крушенья пагубных идей,
Когда Любовь и Добродетель
Откроют очи у людей.
А демонические чары
Претерпят неизбежный крах,
И возвестят часов удары
Перерождение в мирах,
Где огласят веков плеяды
Всесильем светлого Числа
Победу всемогущей Правды
Над силами земного зла!

СОДЕРЖАНИЕ

Апокриф духа 7
«Стань Солнцем Истины, озаряющим пути людям...» 9
ПОЭЗИЯ МИРА 11
ПОЭТУ ВСЕЛЕННОЙ 34
НАПУТСТВИЕ ПОЭТУ 40
ГЕНИЯМ 41
ШЕКСПИРУ 43
БАЙРОНУ 45
ГЕТЕ 47
МОЦАРТУ 48
СОКРАТУ 49
ПУШКИНУ 50
ЛЕРМОНТОВУ 52
МАЯКОВСКОМУ 54
ЕСЕНИНУ 56
ГУМИЛЕВУ 57
ОСЕНЬ ЦВЕТАЕВОЙ 58
ЛЕОНИДУ ГУБАНОВУ 59
«А если бы не пуля...» 60
ПУТЬ ПОЭТА 61
ДУХ СВОБОДЫ 63
ПОСЛАНИЕ 68
СТРАННИК 69
«Снимая плотскую одежду...» 70
ПРЕДСТОЯНИЕ 71
ЛИК ВЕЧНОСТИ 72

Сюжеты жизни 77
- ЛЬСТЕЦ 79
- ЛЖЕЦ 80
- ТРУС 81
- ПРЕДАТЕЛЬСТВО 82
- ИЗМЕНЩИЦЕ 83
- АЛЧНЫМ 84
- ВОЗДАЯНИЕ ЛЖИВОМУ 85
- НИЗВЕРЖЕННОМУ ТИРАНУ 86
- ГРЕШНИК 88
- РАБ 89
- ТЕАТР 90
- СТАРЫЙ СКУЛЬПТОР 92
- ЧЕЛОВЕКУ 93
- КРЕСТОВОЕ 95
- ОБРЕЧЕННЫЕ 96
- ЖИЗНИ 97
- БЕЗДУШНЫМ 100
- ПОГИБШЕМУ ЗА ПРАВДУ 102
- ШКАТУЛКА СУДЬБЫ 104
- ПРОШЛОМУ 105
- ПУТИ ПОЗНАНИЯ 106
- ИСХОД 107
- НАСЛЕДИЕ 108
- «Когда-нибудь лихое время…» 109
- МОНОЛОГ ЗЕРКАЛА… 110
- ЗЕРКАЛО 111
- МОНОЛОГ ВРЕМЕНИ 111
- «Приветствую святое счастье!..» 114

СЧАСТЬЕ ВЕЧНОСТИ	116
ДУХОВНАЯ МОЗАИКА	117
ПРОТИВОРЕЧИВОСТЬ	119
ОСОЗНАНИЕ	121
ЛАГЕРНАЯ ЭЛЕГИЯ	122
СМЕРТНИК	123
ТЮРЕМНЫЙ САМОУБИЙЦА	125
ПАДШИЙ АНГЕЛ	127
ПОСЛЕДНЯЯ ОСЕНЬ	129
«Я победил в лихой войне...»	131
РАЗЛУКА	132
ГРОБОВЩИК НАДЕЖД	133
ПРОЩАЛЬНОЕ	137
ПОСЛЕДНЯЯ ПРОСЬБА	140
НАПОСЛЕДОК	142
РЕКВИЕМ	143
«Наполняясь Божественной новью...»	146
«Опять грешишь, коварный век...»	147
«Когда уйду, пусть памятником станет...»	148
ПОСЛЕДНИЙ	149
«Я иду неприкаянным вором...»	150
«Так расходятся в горе когда слишком поздно...»	151
ОСЕННИЙ ДУЭТ	152
ДЕТСКИЙ ДОМ-ИНТЕРНАТ	154
ИСПОВЕДЬ	156
СИРОТА	159
ДОМ ПРЕСТАРЕЛЫХ	160
ОСЕНЬ	162
ЦВЕТАМ	164

ФИНАЛЬНАЯ МИНУТА	165
«Издревле споры земляне ведут…»	166
«Прискорбен облик светлых грёз…»	167
АПОКРИФ ДУШИ	168
«В потоке времени спешащем…»	170
АЛЛЕГОРИЯ	171
ЭЛЕГИЯ	172
ОТШЕЛЬНИК	174
ГОЛОСА СТЕПЕЙ	175
ВЕДЬМА	176
ЗАКАТ	182
ЛУНА И СОЛНЦЕ	183
ГОРНЫЕ МОТИВЫ	185
«Нас посвящение ведёт…»	188
СМЕРТЬ МАЭСТРО	189
БОЖЕСТВЕННЫЙ ГОЛОС	191
ПОЖЕЛАНИЕ	192
СТРЕМЛЕНИЕ	193
ДУХОВНАЯ ПЕКТОРАЛЬ	194
ПЕРЕД КОНЦОМ	195
«Я снял осаду с городов…»	196
«Бесцельно прожитые годы…»	197
ВЕЧНОСТЬ СПУСТЯ	198
ПУТЬ	199
ДИАЛОГ С ПРОШЛЫМ	204

Ночь **ПОСЛЕДНЕГО ИСКУШЕНИЯ** (*поэма*) 219

WWW.SVAROG.NL

www.ingramcontent.com/pod-product-compliance
Lightning Source LLC
Chambersburg PA
CBHW042357070526
44585CB00029B/2963